KB248177

New 공부기술

공부기술
New
조승연 지음
더난출판

New 공부기술

© 2009, 조승연

초판　1쇄 발행　2009년 12월 17일
초판 11쇄 발행　2020년　7월 22일

지은이 조승연
펴낸이 신경렬

편집장 유승현　**편집** 황인화 · 김정주
마케팅 장현기 · 정우연 · 정혜민
디자인 이승욱
경영기획 김정숙 · 김태희 · 조수진
제작 유수경

펴낸곳 (주)더난콘텐츠그룹
출판등록 2011년 6월 2일 제2011-000158호
주소 04043 서울시 마포구 양화로12길 16, 7층(서교동, 더난빌딩)
전화 (02)325-2525 | **팩스** (02)325-9007
이메일 book@thenanbiz.com | **홈페이지** www.thenanbiz.com

ISBN 978-89-8405-497-4　13370

통섭형 인재가 되는
공부기술의 비밀

귀국한 뒤 며칠 지났을 때 내가 6년 전에 쓴 《공부기술》과 《생각기술》을 읽고 자신의 인생이 달라졌다는 한 대학생의 전화를 받았다. 그는 신문을 보고 내가 귀국한 사실을 알았다며, 정말로 나를 만나보고 싶다는 전화를 여러 번 해왔다. 나는 그 열성에 감동을 받아 그를 만났다. 그는 고등학생 때 선생님에게 "대학은 포기하는 것이 좋겠다"고 선고받았다고 말했다. 하지만 그는 포기하지 않고 《공부기술》과 《생각기술》 두 권의 책을 읽고 나서 그동안 마지못해 다니던 학원들을 그만두고 혼자 기술적으로 공부한 결과 선생님과 부모님의 예상을 뒤엎고 서울 소재의 K 대학에 입학해 지금 학교에 잘 다니고 있으며 곧 군에 입대한다고 말했다. 그는 군대에 가기 전에 나를 만날 수 있어서 얼마나 기쁜지 모르겠다며 흥분을 감추지 못했다. 그는 내가 쓴 두 권의 책 《공부기술》과 《생각기술》을 읽지 못했더라면 지금도 예전처럼 방황하며 부모님의 속이나 썩히고 있을 것이라며 눈물을 글썽였다.

사실 나는 미국과 프랑스에서 머물 때도 그런 식의 인사를 종종 받았다. 이 두 권의 책을 쓴 지 오랜 시간이 지났지만 거의 매달 내 페이스 북(자신의 소식을 올려놓고 친구의 연락처도 찾을 수 있는 웹사이트)에 낯선 사람이 친구가 되자는 요청을 해와 알아보면 내 책을 읽고 인생이 달라진 경험을 가진 독자인 경우가 대부분이었다. 진로를 결정하지 못하고 방황하다가 내가 쓴 책에서 익힌 공부기술을 활용해 버클리 대학이나 프린스턴 대학, 하버드 대학 등에 합격했다는 소식을 전한 사람도 있었다. 그중에는 소수 정예 학생들만 선발하는 뉴욕의 세계적인 명문대학교 유니언 칼리지 건축과 학생도 있었다. 나는 그에게 뉴욕의 유명한 건축 회사에 다니고 있는 내 형을 소개해주기도 했다. 대학에 재학하던 중에 쓴 두 권의 책이 이처럼 많은 학생들의 진로에 좋은 영향을 미쳤다는 것을 알게 되면서 나는 일종의 사명감 같은 것을 느꼈다. 그래서 국내에서 미술사, 경영 등 전문 분야의 책을 여러 권 출간하기도 했다.

15년 동안 해외에서 살다가 군 복무 문제로 국내에 오랫동안 머물게 되면서 우리나라에서도 그런 독자들과 직접 만나는 일이 많아졌다. 서울대에 공부기술 동아리가 있고 거기서 활동하다가 재학 중에 행정고시에 합격했다는 서울대 재학생과 재학 중에 공부기술 동아리 활동을 했다는 대기업 직장인도 여러 명 만났다. 그들은 대부분 《공부기술》과 《생각기술》이 비록 6년 전에 쓰인 책들이지만 요즘 학생들이 진로를 결정하는 데 큰 도움이 될 것이라는 말을 해주었다. 입학사정관제가 생기고 통섭형 인재 되기에 당면한 지금의 학생들에게 필요한 공부 방법이 제시되어 있다는 것이었다.

그러던 차에 최근 《비즈니스의 탄생》이라는 경영 관련 책을 출간한 더난출판과 이 책들의 개정판을 내자는 데 의견을 모으게 되었다. 《생각기술》 중 공부와 직접적인 관련이 있는 부분을 발췌해서 《공부기술》과 한 권으로 묶는 것이 읽기에 편하겠다고 판단하고 그렇게 하기로 했다. 나는 이 책이 부활해서 입학사정관제를 두려워하거나 학교 교육이 여전히 사회에서 요구하는 새로운 인재상인 통섭형 인재 기르기를 뒤따르지 못한 현실에서 어떻게 하면 그런 인재가 될 수 있을까를 염려하는 많은 청소년들이 자신의 인생 좌표를 하루 빨리 찾아 세계적인 경쟁력을 갖는 인재가 되는 데 도움을 줄 수 있는 쓸모 있는 공부 지침서가 되기를 희망한다.

2009년 겨울

조승연

공부로부터 해방!

　　초등학교도 나오지 않은 사람이라도 기술만 배우면 운전면허를 딸 수 있으며, 면허를 딴 후 조금만 익숙해지면 고등교육을 받은 사람보다 운전을 잘할 수도 있다. 공부도 이와 마찬가지로 누구나 간단하게 익힐 수 있는 기술이다. 지능지수가 높고 낮음과는 상관없이 공부기술만 제대로 익히면 어렵지 않게 우등생이 될 수 있다.

　　공부가 지겨운 것, 하기 싫은 것이 되어버리는 이유는 공부하는 데도 요령이 필요하다는 사실을 모르고 무조건 책상 앞에 앉아 책만 보기 때문이다. 방법을 제대로 배우지 않고 운전을 하면 사고나 내면서 제대로 차를 몰 수 없듯, 방법을 제대로 익히지 않고 공부하면 시간과 에너지, 그리고 돈만 낭비하고 노력을 많이 해도 성과를 내기 어렵다.

　　나는 대학 재학 중에 4개 국어를, 대학원 재학 중에 3개 국어를 공부했다. 그중 한국어와 영어·프랑스어는 모국어처럼 쓸 수 있고, 사라진 언어인 라틴어와 그리스어는 고서를 읽는 데 자유롭고, 아랍어와 이탈리아어는 의사소통이 가능할 정도다. 게다가 밥 먹을 시간이 모자랄 정도로 숙제가 많은 데다 깜짝 시험으로 낙제생을 수두룩하게 만들어내는 뉴욕 대학 비즈니스 스쿨과 뉴욕 대학 못지않게 숙제가 많은 줄리아드 야간 음대에 동시에 다니면서도 우등생 자리를 놓치지 않았다. 또 중세 프랑스어 논술 시험을 통과해야 하는 프랑스 에콜 루브르에 합격했다. 사람들은 이 모든 것들을 두고 내가 남다른 머리를 타고났기 때문이라고 말한다. 도서관에서 살다시피 하며 학점을 올리기 위해 진땀을 빼는 학교 동창들은, 유명한 연주가의 음악회는 빠지지 않고 보러 가고 미술관에 전시 작품이 바뀔 때마다 관람하러 가면서도 학점이 떨어지지 않은 나를 '괴물'이라고 부르기도 한다. 그러나 나는 괴물도 아니고 빼어난 천재도 아니다. 우리나라에서 중학교에 다닐 때까지만 해도 산수 시험에서 50점 맞는 일이 아주 많았다.

미국 대학은 아무리 머리가 좋은 사람이라도 공부를 게을리 하면 좋은 성적을 거둘 수 없는 시스템이다. 당연히 나도 공부를 열심히 했기 때문에 좋은 성적을 얻을 수 있었다. 다만 공부기술을 익혀 남보다 적은 시간을 투자하고도 더 잘할 수 있었을 뿐이다. 나는 절대로 내 머리가 남들보다 뛰어나다고 생각하지 않는다. 다른 사람들보다 일찍 공부기술을 터득해 짧은 시간에 많은 양의 공부를 소화할 수 있었을 뿐이다.

우리나라 학교나 학원 선생님들은 물론 학부모들은 학생 또는 자녀의 성적에 민감하지만 '어떻게 공부를 해야 하는지', 심지어 '왜 공부해야 하는지'조차 분명하게 가르쳐주지 않는다. 선생님들마저 "커서 고생하기 싫으면 공부해라"라는 막연한 말로 공부를 하라며 학생들을 다그친다. 학생들은 선생님의 감시가 두려워 공부하는 목적조차 모른 채 교과서나 참고서를 들고 책상 앞에 앉아 시간을 때우기 일쑤다. 그렇게 하는 것이 얼마나 피곤하겠는가? 청소년들로선 자신을 피곤하고 지치게 하는 학교와 시험이 못마땅할 수밖에 없다. 가장 활동적인 10대 때 "4시간 자면 합격, 5시간 자면 불합격"이라는 말에 억눌려 넘치는 호기심과 에너지를 억제하고 침침한 전등불 밑에서 재미없는 책과 씨름하며 보내야 하니 공부가 즐거울 리 없다.

사람은 자기가 좋아하는 일을 해야 최대한 효율을 올릴 수 있다. 낚시를 좋아하면 비바람이 쳐도 낚시를 해야 즐겁고, 도자기 굽기를 좋아하면 가르쳐주는 사람이 인색하게 굴어도 기꺼이 감수하며 도자기를 잘 굽는 방법을 배우려고 드는 것이 인간이다. 반면에 싫은 일을 억지로 하면 많은 시간을 투자해도 좋아서 하는 사람과 실력을 견줄 수 없다. 공부 역시 좋아서 하도록 만드는 것이 가장 중요한 기술이다.

사실 시험에 관한 부담은 학생이라면 세계 어디서나 겪는 일이다. 우리나라 못지않게 지독한 입시 지옥에 시달리는 일본 고등학생들, 대학 입학 자격시험인 SAT를 준비하는 미국 고등학생들이나 GRE · GMAT · LSAT 등을 준비하는 미국 대학 졸업반 학생들, 고등학교 졸업시험인 바칼로레아를 봐야 하는 프랑스 고등학생들, 눈물 나게 어렵다는 영국 · 독일 · 프랑스 등 유럽 명문 대학의 졸업 자격시험을 준비하는 학생들. 이들 역시 이런 시험에 통과하기 위해 침침한 전등불 밑에서 책과 씨름하고 있다. 그러나 막상 시험에 합격한 학생들을 보면 어릴 때부터 공부기술을 익혀 늘 노는 것처럼 보이면서도 척척 합격한 경우가 더 많다.

학생들을 가장 고통스럽게 만드는 것은 이처럼 자기가 하고 싶은 일을 다 하면서도 변함없이 좋은 성적을 내는 동급생들을 만나는 일일 것이다. 수업 시간에 늘 딴짓을 하는 것처럼 보이지만 선생님의 질문이 떨어지면 척척 대답을 하고, 시험공부 따위에는 전혀 관심이 없는 것처럼 팔짱 끼고 앉아 노트 정리도 제대로 하지 않는데 다들 시간이 모자라 쩔쩔매는 시험문제를 단숨에 풀어버리고 당당하게 시험실을 걸어 나간다. 남들은 책상 앞에 앉아 꼼짝없이 공부하는데 버젓이 대형 서점이나 영화관에 가고 좋아하는 가수의 라이브 공연에 빠지지 않고 다녀온다. 소설책 내용을 가지고 누군가와 전화로 수다를 떨기도 한다. 그런 학생을 동급생으로 두면 공부에 목숨 걸고 모든 것을 인내해야 하는 입장에선 참담해지기 마련이다.

사실 학교 성적이 좋은 학생들을 살펴보면 천재적인 재능을 가진 사람이 아니고 대부분 매우 평범한 사람임을 알 수 있다. 역사를 움직일 만한 업적을 남긴 사람들 가운데는 학교 공부를 잘한 사람이 드물다는 점도 주시할 필요가 있다. 이들은 머리가 좋은 것, 지식이 많은 것, 공부를 잘하는 것은 각각 별개의 다른 재능임을 증명한다. 가령 공부를 못하는 사람도 수도관 고치는 법을 배우면, 공부를 정말로 잘하는 대학 교수가 절대로 해낼 수 없는 수도관 고치는 일을 척척 해낸다. 이처럼 공부도 전체 구조를 익힌 뒤 자신의 재능에 맞추어 하면 쉽고 재미있게 할 수 있다.

공부를 쉽게 잘하는 학생들은 머리가 좋다기보다는 자기도 모르게 공부기술을 터득한 경우가 대부분이다. 공부는 머리가 아닌 기술로 해야 한다. 기술이란 선천적으로 얻어지는 것이 아니라 후천적으로 노력해서 익히는 것이다. 기술의 중요성은 악기 연주를 배워보면 잘 알 수 있다. 아무리 뛰어난 피아니스트도 연주 실력을 기르려면 장조·단조·체르니 등 기본적인 기술부터 배워야 한다. 이러한 과정을 끝내면 악보를 줄줄 읽을 줄 아는 능력이 생기고, 손가락의 움직임이 부드러워져 처음 보는 악보라도 유연하게 피아노로 칠 수 있다. 그러나 기본 기술을 익히지 않고 무작정 피아노곡을 연주하려고 들면 10년이 지나도 간단한 악보조차 제대로 읽을 수 없어 피아노 배우는 것이 지루해진다. 그런 식으로 피아노를 배우면 인내심이 강한 사람도 피아노 공부를 포기하기 쉽다.

공부기술을 익히려면 처음에는 피아노의 기본을 배우는 것처럼 꾸준한 연습이 필요하지만, 공부 시스템을 파악해 그 사용법을 몸에 익히고 나면 그다음부터는 공부가 쉬워지고 점점 공부의 기본기를 본능처럼 사용하게 되어 1~2년 후면 자신도 모르는 사이에 공부를 더 빨리, 더 효율적으로 해내는 능력을 갖추게 된다. 살아가는 데 필요한 기본적인 기술은 누구나 저절로 익히게 되지만 과학적인 논리와 두뇌의 기능은 일치하지 않을 수 있어 제대로 배운 것과 저절로 알게 된 것 사이에는 큰 차이가 있게 마련이다.

공부기술은 처음부터 차근차근 정식으로 익히는 것이 가장 효율적이다. 그러나 적어도 10여 년 정도 해온 공부 방식을 바꾸어야 하기 때문에 고등학생과 대학생들은 공부하는 자세와 습관에 대한 새로운 이해를 가지고 접근하는 것이 좋다.

중학생 때 나는 무작정 열심히 공부에 매달렸지만 성적이 향상되지 않았다. 그 때문에 마음고생을 꽤 많이 했다, 고등학교 2학년 때쯤 공부기술을 익혀야 한다는 것을 깨닫고 그를 위해 노력하다 보니 공부가 재미있고 쉬운 것임을 알게 되었었다. 공부에 대한 관점과 학습 방법을 개선한 뒤 학교 성적은 눈에 띄게 올라갔고, 반대로 공부를 위해 쓰는 시간은 점차 줄어 피아노 공부나 미술 감상, 책 읽기 등도 원하는 만큼 할 수 있게 되었다. 이때부터 학교 성적을 올리면서도 나를 위한 진짜 공부를 할 수 있어 학교 공부 외적인 지식까지 나날이 늘릴 수 있게 되었다.

또 공부기술을 터득한 후부터는 무조건 '공부를 더 해야지'라고 생각하지 않고 '어떻게 하면 더 적게 공부해서 더 좋은 성적을 거둘 수 있을까?'를 생각하며 공부하게 되었다. 그 결과 산업혁명 당시 물건을 일일이 하나씩 만들던 것을 생산 라인을 구축해 적은 원가를 들여 대량생산할 수 있게 되었던 것처럼, 공부에도 '공부 라인'이 있음을 알게 되었다. 반복적인 일의 과정을 시스템으로 만든 분업화를 통해 물건을 훨씬 빨리 잘 만든 것처럼 공부도 일정한 진행 과정을 만들어두면 훨씬 쉽고 빨리 할 수 있다. 산업혁명 때부터 사용된 '기술'이라는 관념으로 인해 기계가 발명되고 공업이 발달해 사람들이 옛날처럼 고생을 하지 않고도 편리한 생활을 할 수 있게 됐다는 점에 착안한 나의 공부기술 아이디어는 점차 발전되었고 이를 통해 남들이 천재라고 오해할 만큼 지적 수준을 쉽게 높일 수 있었다.

나는 남들이 뭐라고 말하든 간에 학교 공부는 긴 인생살이에서 그다지 중요한 역할을 하지 않는다고 믿는다. 다만 성인이 된 후 사회에 진출해 자신의 뜻을 제대로 펴려면 자신의 가치를 제대로 인정받을 수 있는 좋은 학교에 다니고 좋은 성적을 얻는 것이 중요하다는 현실은 무시할 수 없다고 생각한다. 공부기술을 터득하면 사회에 진출할 때 자신의 가치를 인정받을 만한 좋은 학교에 입학해 좋은 성적을 거두는 것이 그다지 어렵지 않을 것이다. 공부기술을 터득하면 공부하고 남는 시간이 많아져 학창 시절의 낭만과 젊음을 충분히 즐길 수 있으며, 자기가 하고 싶은 분야를 개인적으로 공부하는 것까지 할 수 있는 등 일석삼조의 효과를 거둘 수 있다.

공부로부터의 해방. 말만 들어도 달콤하지 않은가? 나는 머리가 뛰어난 사람이 공부를 잘하는 것이 아니라 공부기술을 터득한 사람이 좋은 성적을 거둘 수 있음을 이 책을 통해 자세히 설명할 것이다. 이 책을 정독하고 실행에 옮긴 학생들은 자신의 학습 방법을 재검토해 더 빨리, 더 쉽게 공부기술을 터득함으로써 자신이 하고 싶은 일을 다 해가면서 좋은 성적을 거두는 불가사의한 체험을 할 수 있을 것이다. 사람은 죽을 때까지 무엇인가를 배워야만 풍요롭게 살 수 있다. 학생들뿐만 아니라 직장인들도 공부기술을 터득하면 미래가 더욱 밝아질 것이다.

누구나 우등생이 될 수 있다

학교가 원하는 정답을 파악하라

학문의 깊이에 따라 어떤 문제에 대해 정답을 찍기가 불가능한 경우가 많다. 시험문제를 앞에 두고 '정답이 무엇인가?'를 고민하기 전에, '질서정연한 시민을 만들어내려는 기관인 학교에서 어떤 정답을 원하는가?'부터 파악하자. 교과서와 선생님이 '원하는' 정답이 무엇인지 알아내야 좋은 성적을 거둘 수 있다.

창의적 학생은 학교 교육을 싫어한다

나는 중학생 때까지 학교 성적이 그다지 좋지 않았다. 초등학생 때는 전 과목 평균이 95점 정도 되었지만 중학교에 입학한 뒤에는 늘 70점 선에서 왔다 갔다 했다. 게다가 운동하는 것과 햇빛을 싫어하고 조용한 곳에서 책 읽기만 좋아하는 성격 때문에 친구들과 어울리지도 못하고 따돌림을 당하기도 했다. 어려운 역사책이나 철학책을 읽어댈 뿐, 학교 공부에 도움이 되는 책들을 읽지 않아 아는 것은 많지만 학교 성적은 영 신통치 않은 학생이었다. 그러나 시험 점수가 낮아도 별로 창피하지 않았다. 어머니가 학교 성적 때문에 나를 다그치는 일이 없어서 그랬는지도 모른다.

나는 인내심과 집중력이 부족해 책상 앞에 단 5분도 가만히 앉아 있지 못했다. 수업 시간에는 공상을 하거나 노트에 쓸모없는 글을 쓰는 것이 일쑤였다. 그러던 중 시에서 주최하는 과학 경진 대회에 나가 금메달을 타게 되었다. 내 학교 성적이 중간 수준밖에 되지 않는다는 사실에 선생님들은 고개를 갸우뚱했지만, 늘 지적받던 집중력이 모자란다는 꾸중은 계속되었다.

당시 나에게 학교 수업은 그 내용이 매우 유치해 보였다. 선생님들의 실력도 형편없어 보였다. 내가 실력을 인정해주기 싫은 선생님들이 나에게 권위적인 태도로 나오면 선생님들을 화나게 하려고 일부러 숙제를 안 하는 오만한 태도를 보이기도 했다. 선생님들이 왜 숙제를 안 하느냐고 물으면 나는 한결같이 "그런 숙제가 무슨 쓸모가 있는지 모르겠어요"라고 퉁명스럽게 대답해 선생님의 부아를 돋우기도 했다. 화가 난 선생님은 나를 때렸다. 나는 매를 맞을수록 마음속으로 '실력이 없으니까 힘으로 누르려고 한다'며 무시하는 생각이 들어 더욱 심하게 저항했다. 갈수록 성적이 부진해진 것은 당연한 결과였다.

어머니는 비록 내색하지는 않으셨지만 그 때문에 걱정이 많았노라고 훗날 나에게 말씀하셨다. 당시 내 눈에는 지식과 아무 관계없는 사지선다형 시험, 교과서와 참고서를 줄줄이 읽고 정답 고르기만 되풀이해서 가르치는 선생님들의 무지한 행동, 학생들의 참신한 생각을 알아내려고는 하지 않고 일방적으로 사회가 원하는 관점만을 최고라고 가르치는 윤리와 사회과학 교과서의 구성, 새로운 발견과 진지한 인생관을 완전히 무시하는 역사 교과서 등은 진정한 지적 관심을 가진 학생들의 공부에 대한 흥미를 앗아가기만 하는 것으로 보였다. 이러한 내 생각이 지금이라고 달라진 것은 아니다. 하지만 선생님들에게 행한 나의 오만한 행동이 어리석은 짓에 불과하다는 것은 깨닫게 되었다.

한국인은 뛰어난 두뇌의 소유자들이다. 다혈질에 오기 많은 민족이기도 하다. "제 꾀에 제가 넘어간다"는 속담이 있을 만큼, 사실 탁월한 창의력을 가진 학생들이 많다. 그러나 이러한 학생들의 욕구가 학교 교육 때문에 억제되어 뛰어난 자질을 갖춘 학생들이 오히려 학교를 싫어하는 안타까운 일이 많이 일어나고 있다.

'귀족 교육' 영국식 교육 vs '인간 공장' 독일식 교육

사실 서양에서 시작된 초기 학교 시스템에서는 선생님과 동등한 권리를 가진 학자로서의 학생들이 친구들과 함께 모여앉아 문학을 탐구하는 재미를 느끼며 공부했다. 이러한 학생들의 모습이 사라지기 시작한 것은 산업혁명 이후부터다. 보수적인 영국은 귀족의 놀이터며 상류사회 계층의 훈련 기관인 캠퍼스 시스템을 만들어 지속적으로 사용했다. 캠퍼스 시스템이란 고등학교나 대학교를 도시와 멀리 떨어진 곳에 만들어놓고 자녀들을 그곳의 기숙사로 보내 귀족 영어를 발전시키면서 비슷한 신분의 학생들끼리 어울리도록 교육하는 방식을 말한다. 우리들이 흔히 알고 있는 영국의 옥스퍼드 대학과 케임브리지 대학은 번화한 런던에서 상당히 먼 곳에 떨어져 있고, 학교의 경계가 담으로 확실히 구분되어 있다. 이튼 같은 이른바 영국의 명문 귀족 고등학교도 마찬가지다. 학생들의 높은 신분은 학교 안에서 교사들과 동등한 지위를 갖게 했다.

미국의 유명한 아이비리그 대학은 뉴잉글랜드, 즉 영국 식민지에서 건너온 이민자들이 세운 대학이다. 하버드, 예일, 프린스턴 대학 졸업생들이 학생 클럽 빌딩을 각 도시마다 지어놓고 동창생들끼리 별다른 계획 없이 그곳에 모여 노는 것은 영국식 교육의 유산이며, 뉴햄프셔·매사추세츠 등에 자리 잡고 있는 동부 명문 고등학교도 큰 도시에서 뚝 떨어진 곳에 세운 영국의 학교 방식을 그대로 가지고 왔다고 할 수 있다.

영국의 교육 방식과 더불어 전 세계 교육 시스템에 가장 큰 영향을 끼친 것으로 독일식 교육이 있다. 독일은 영국보다 훨씬 일찍 상업이 발달했다. 대개 영국이나 프랑스의 관점에서 쓰인 세계 역사책을 통해 서양 역사를 배운 한국인들은 비스마르크 시대 이전까지 독일은 야만인의 땅이었다고 간주해버리지만 사실 독일은 900년대에 오토 대제의 통치 아래 찬란한 문화를 꽃피운 나라다.

1300년대 투르크 전사들은 지금의 터키와 그리스를 점령하여 이 지방 사람들을 이슬람교도로 만들었다. 인도와 중국에서 향료나 비단을 수입하는 것이 어려워지자 폴란드와 러시아 왕들은 북해 부근에 있는 리발·리가·노보그로드 등의 도시에 무역항을 세웠다. 특히 리발과 리가는 밍크가 많이 자라는 땅이다. 독일과 프랑스 귀족들은 추운 겨울에 밍크 털로 코르셋 안을 채웠고, 왕들은 겨울 전투에 나갈 때는 차가운 철갑 옷으로부터 피부를 보호하기 위해 필수적으로 밍크 옷을 입었다. 밍크 산업은 중세의 경제 수준으로 볼 때 현대의 맥도날드 등 다국적 대기업과 비교할 수 있을 만한 어마어마한 부를 이룩했다.

배들이 많이 들락거리면 모피 산업뿐 아니라 여러 가지 산업이 발달하는 법이어서, 발트 해와 북해를 둘러싼 독일 도시들은 경제적인 성장을 발판으로 귀족들에게서 독립을 선언하고 막대한 해군을 통해 자유를 지켰다. 이렇게 해서 탄생한 한자 자유 독립 도시 연합(Das Hansafreistadtenliga), 즉 북독일과 스칸디나비아는 13세기 유럽에서 신성로마제국과 맞먹는 정치적인 힘을 갖게 된다.

이같이 세력을 확장한 독일에는 강력한 지방 세력인 귀족이 존재하는 영국과는 형태가 다른 도시들이 생겼다. 이들 도시는 특별한 귀족계급이 없고 성 안의 제한된 공간만을 가지고 있어 지식인이나 훈련된 일꾼들이 주류 사회를 이루었다. 이들은 도시 한가운데에 학교를 세워 훈련된 지식인들 밑에서 그들의 지식을 직접 가르치는 교육 방법을 채택했다.

산업혁명의 바람이 전 유럽을 휩쓸자 독일식 교육은 유럽 전역에 급격히 퍼져나갔다. 산업혁명에 따라 도시들은 많은 훈련된 노동력을 필요로 했으며, 사람도 공장에서 물품을 찍어내듯 훈련시킬 수 있다는 이론이 반론의 여지도 없이 유행했다.

독일식 교육을 개조해 막대한 산업 노동력을 찍어낼 수 있게 만든 것이 우리가 말하는 '국민 교육'이다. 처음으로 이러한 대량 노동력 생산을 위한 학교가 나타난 것은 수만 명의 정예 군단을 만들어낸 독일의 프리드리히 대제의 군인 훈련이다. 전 국민을 예비군으로 활용하기 위해 만들어진 독일식 군인 훈련 방식은 공부를 시킨다기보다는 명령에 무조건 복종하면서 텐트에서 몇 달 동안 탈 없이 살 수 있는 강인한 체력과 피를 두려워하지 않는 담력이 강한 군인을 만드는 것을 목적으로 한다.

수많은 공장에서 군말 없이 10시간 이상 나사 조이기 같은 지루한 작업을 견뎌낼 일꾼이 필요해지자 이러한 노동자를 생산해내는 훈련 기관으로 독일식 군사 훈련 교육 방법이 채택된다. 당시 독일 학교의 교육 목적은 사람들에게 생각하는 방법을 알려주는 것이 아니라, 생각할 줄 아는 인간을 말없이 명령에 복종하는 사회의 일원, 즉 자동차의 한 부품처럼 한 가지 기능만을 수행하는 기계 인간을 만드는 것이었다. 막강한 노동력과 군기가 잘 잡힌 군대로 국력을 과시하던 당시의 제국주의 위정자들은 국민들에게 끔찍할 만큼 효율적인 사회규범을 지키도록 해야만 국가가 안전해진다고 믿었다.

당시 세계적인 군사력을 가졌던 일본은 독일에서 이러한 학교 제도를 고스란히 수입했다. 그리고 이런 교육 방식을 일본의 식민지였던 우리나라에까지 들여왔다. 인간을 기계로 만드는 독일식 교육이 큰 여과 없이 일본과 한국 교육의 기반이 된 것이다.

집과 멀리 떨어진 캠퍼스에서 귀족 생활을 하는 학교 시스템을 개발한 영국마저도 산업혁명으로 공장 일꾼이 많이 필요한 맨체스터·글래스고 등에는 독일식 국민 교육 시설을 세웠으며, 인도·이집트 등 영국 식민지에는 질서정연한 시민들을 양성하기 위한 교육 시설들을 세워 더 엄격히 교육했다. 질서정연한 시민들은 제국주의의 횡포에 분노하거나 저항하지 않고 금광, 면화 공장 등 착취의 현장에서 고분고분 일만 했다.

지식의 깊이에 따라 정답은 달라진다

우리나라의 교육 제도는 이렇게 식민지 시대에 일본을 통해 독일에서 유입된 후 별다른 변화를 겪지 않고 그대로 사용되고 있다. 창의력과 자유의 정신이 무궁무진한 우리 청소년들에게 학교 제도가 못마땅하게 여겨지는 것은 너무나도 당연한 일이다.

그러나 정규 학교를 졸업해야만 원하는 일자리를 얻을 수 있다는 엄연한 현실을 무시할 순 없다. 이러한 사회적 현실에 적응하려면 학생들은 학교를 자신의 인생을 송두리째 걸 만한 곳으로 믿지 말고 공부와 시험 기술을 익혀 가장 적은 시간을 투자해 가장 높은 점수를 얻는 방법을 찾아내야만 한다. 그래야 자기가 원하는 참다운 공부를 할 시간을 만들 수 있을 것이다. 개성과 자기주장이 강한 학생들일수록 교과서의 가르침이나 선생님의 설명에서 객관적 사실이 아닌 것은 그냥 흘려듣고, 시험지를 풀 때는 자신이 정답이라고 생각하는 답을 정직하게 고르지 말아야 시험을 잘 볼 수 있다. 시험문제가 말하는 정답이라는 것은 지식 수준이 높은 사람이 볼 때는 애매하기 때문이다.

세계적인 학자일수록 어떤 문제에도 정답은 없다고 말한다. 영국 역사가들은 프랑스가 영국의 식민지였다고 주장하며, 프랑스 역사가들은 영국이 프랑스 식민지였다며 싸운다. 현대 역사가들은 둘 다 맞는 이야기인 동시에 둘 다 틀린 이야기라는 것을 잘 안다. 당시에는 프랑스나 영국 등 국가의 국경이 뚜렷하게 갈라진 채 존재한 것이 아니고, 누가 왕이고 누가 신하인지를 그때그때 상황에 따라 정했다. 당시 영국의 사자왕 리처드는 프랑스 사람으로 프랑스 본토에 많은 땅을 가지고 있었지만, 영국 왕좌에 앉아 영국을 다스렸다. 프랑스의 샤를 7세를 멸망 직전까지 몰고 간 영국의 존 왕을 사자왕 리처드의 후계자로 보기는 힘들다.

엄밀하게 치면 브루고뉴 공, 버건디 공, 아퀴타뉴 백작, 나바레 공, 부르봉 자작, 오를레앙 공도 모두 프랑스 왕족보다 많은 땅을 차지하고 큰 군대를 거느린 유럽 귀족들로, 샤를 왕과 연합하기도 했으나 그에 대항해서 군대를 일으키기도 하여 어느 나라 소속인지 불분명하다. 프랑크 족이 아닌 버건 족인 부르봉 자작은 프랑스에서 지방 세력을 몰아내고 자신을 프랑스 왕이라고 칭했다. 그렇다면 프랑크 족의 후손이라는 프랑스인 자신들이 버건디의 식민지라며 독립을 운운할 수 있는가? 이런 이유에서 복잡한 사회적 배경을 아는 사람은 "1340년 영국 왕은 누구였나?"라는 간단한 시험문제에도 정답을 쓸 수 없다.

황희 정승이 집 안에서 싸우는 두 머슴을 향해 둘 다 옳다고 말한 것처럼, 정답이라는 것은 학문의 깊이에 따라 찍어 맞히기가 불가능한 경우가 많다. 따라서 역사에 대한 해박한 지식을 가진 학생이라도 세계사 선생님의 강의는 반드시 들어야 한다. 교과서와 선생님이 듣고 싶어 하는 정답이 무엇인지 알아내야 하기 때문이다.

따라서 학생은 시험문제를 앞에 두면 '정답이 무엇인가?' 하고 질문할 것이 아니라, '질서정연한 시민을 만들어내려는 사회적 기관인 학교에서는 어떤 정답을 원하는가?' 부터 정확하게 파악하는 요령을 익혀야 한다. 이처럼 차갑고 예민한 눈으로 학교를 바라볼 수 있을 때 정답이 더 명료하게 눈에 들어와 좋은 성적을 올릴 수 있다. 그런 기술만 익히면 학교 공부에 쓸 시간을 절약해 미래 사회가 원하는 통섭형 인재가 될 수 있는 독서와 공부에 시간을 투자할 여유를 얻을 수 있을 것이다.

공부를 즐겨라

지금부터 150여 년 전만 해도 공부는 부유 계층이 즐기는 레저였다. 하고 싶은 일은 무엇이든 할 수 있던 유럽 귀족들이 공부를 가장 사치스러운 레저로 선택했다는 것은, 공부가 얼마나 재미있는 일인지 보여준다.

노력은 재미를 이기지 못한다

공부를 시작한 지 20분이 지났다. 벌써 눈앞이 감감하고 책의 내용은 머릿속에 들어오지 않는다. 앉은 자세를 이리저리 바꿔본다. 고장이라도 난 듯 제자리에 멈춰 꼼짝도 하지 않는 시곗바늘을 들여다보며 한숨을 내쉰다. 벌써 쉰다고 하면 어머니의 불호령이 떨어지겠지? 사실 지금 참고서를 내던지고 문밖으로 나간다고 해서 뾰족이 할 일이 있는 것은 아니다. 친구들 역시 학원이나 집 안에

갇힌 신세들이어서 나와 놀아줄 처지가 못 되고, 개봉된 영화도 볼 만한 건 다 봤다. 사실 어제 저녁 텔레비전으로 축구 경기 중계를 보며 휴식을 취할 만큼 취했는데, 오늘따라 왜 이렇게 공부하기가 싫은 것일까? 한참 동안 턱을 괴고 한숨을 쉬고 있다가 더 이상 못 견디겠다는 생각이 들어 살그머니 서랍을 열고 컴퓨터 잡지를 꺼낸다. 그때 밖에서 인기척이 들린다. 잠시 숨을 죽이고 어머니의 멀어지는 발걸음 소리에 귀를 기울이다가 잡지를 꺼내 읽기 시작한다.

당시 나는 컴퓨터 마니아였다. 컴퓨터 관련 잡지는 닥치는 대로 사들여 종류별로 다 읽고 시간만 나면 용산 전자상가나 테크놀로지 엑스포를 방문해 새로운 인터넷의 경향과 컴퓨터의 발전 속도도 잘 알고 있었다. 반 친구들은 컴퓨터를 사려고 할 때 반드시 나의 자문을 거쳤다.

초등학생 때 어머니께서 다가올 시대에는 컴퓨터가 중요할 것이라며 통장을 몽땅 털어 EGA 4- 색상 모니터가 달린 최초의 AT 방식 컴퓨터를 사주셨던 것을 생각하면 지금도 흐뭇하다. 어머니께서는 사람은 다양한 재능을 계발해야 한다며 컴퓨터뿐만 아니라 어린아이들의 상상력과 창의력을 자극하는 레고 · 물감 등 집에 부족한 것이 없도록 준비해주시기도 했다.

그러던 어머니마저 내가 고등학교에 진학하자마자 집에 앉아 책과 머리를 맞대고 있어야 한다고 호령을 하시니, 새삼 서글프기만 하다. 그러나 컴퓨터 잡지를 읽기 시작하자 이내 모든 시름을 다 잊는다. 깨알 같은 작은 글씨까지 모조리 다 읽는다. 그렇게 읽다 보니 벌써 4시간이 지났다. 나만 보면 항상 집중력이 부족하다고 말하는 과외 선생님들과 부모님의 말씀을 떠올리며 씁쓸하게 웃는다.

외삼촌은 중학생 때 유명한 말썽꾸러기로, 학교 공부는 안 하고 야구만 좋아했다. 학교 성적이 신통치 않아 매번 성적표를 들고 오면 어른들에게 꾸중을 들었다. 그럴 때마다 외삼촌은 "매일 놀면서도 귀신처럼 공부를 잘하는 애들이 있잖아. 내가 어떻게 그런 애들을 이겨" 하며 내 앞에서 투덜거리곤 했다.

당시 나는 다섯 살이었다. 외삼촌은 고등학생이었는데, 당연히 나는 야구 경기 보는 방법을 몰라 텔레비전의 야구 중계방송에 별 흥미를 갖지 않았다. 그런데 어느 날 외삼촌이 나에게 함께 야구를 보자며 선수들이 어떤 때는 번트를 하고 어떤 때는 안타를 치는지, 더블 플레이를 하려면 어떤 때 포볼로 다른 선수가 도루를 할 수 있게 해주어야 하는지를 아주 재미있게 설명해주었다. 그리고 타자가 등장할 때마다 그 타자의 성격, 올해와 작년의 전적 등을 설명해주면서 중계방송을 보는 나의 긴장감을 부풀리곤 했다. 외삼촌의 설명을 들으며 야구 중계를 보던 그날, 나는 야구가 정말 재미있는 스포츠라는 것을 알게 됐다. 그전에도 텔레비전의 야구 중계를 본 적이 있었지만 외삼촌의 설명을 듣기 전에는 사람들이 왜 야구에 열광하는지 이해하지 못했다.

만약 야구를 잘 모르는 전교 1등 학생이 외삼촌과 함께 텔레비전의 야구 중계방송을 시청했다면 외삼촌의 "아무개의 작년 타율은 2할 7푼인데 올해는 거의 3할 2푼에 가까워. 시즌 1주일 만에 벌써 안타 수는 11이고. 지금 1루와 2루가 차 있으니까, 안타를 쳐서 3루를 완전히 채우는 걸 못 하게 하려면, 투수가 공을 천천히 던져서 안타를 치더라도 공을 띄워서 아웃시켜야 돼"라고 설명하는 것을 보고 '아니, 어떻게 그런 숫자까지 다 기억하고 여러 경우의 수를 고려해 야구감독처럼 전략을 짤 수 있지? 귀신이다'라고 혀를 내두르며 놀랐을 것이다. 만약 시험 과목이 국 · 영 · 수가 아니고 야구였다면 우등생의 순위는 완전히 바뀌었을 것이다.

공부는 원래 즐거운 레저였다

공부는 원래 레저 활동에서 시작되었다. 현대 사회에서 공부는 사회에 진출해 제대로 대접받고 살려면 좋든 싫든 반드시 해야만 하는 것이 되었지만 지금부터 150여 년 전만 해도 공부는 부유계층이 즐기는 고급 레저였다. 당시 서양의 대학 졸업장은 요즘의 벤츠 자동차나 강남의 비싼 빌라, 또는 유명한 예술가의 원화 그림 같은 사치품일 뿐, 개인의 사회 진출에 영향을 주는 것은 아니었다. 즉 공부는 요트, 승마, 폴로처럼 부자들이 즐기는 레저 스포츠의 일종일 뿐이었다.

하고 싶은 일은 무엇이든 할 수 있는 권리를 가진 귀족들이 공부를 가장 사치스러운 레저로 선택했다는 것은 공부가 얼마나 재미있는 것인지 엿보게 해준다. 500년 전쯤에는 교회에서 성직자들에게만 가르치던 수학·문학·신학·철학·라틴어 등의 기본 과목들이 민간으로 번지면서 논쟁법, 펜싱, 시 낭독, 노래 부르기, 그리고 피아노의 아버지 격인 하프시코드 연주법 등을 가르치는 것이 추가되었다.

논쟁은 텔레비전이 발명되기 전인 1500년대에서 제2차 세계대전 직전까지 서양인들에게 가장 중요한 오락이었다. 좋은 집안의 젊은이들은 밤마다 술집에 모여 사회현상이나 철학에 관한 문제를 놓고 밤새도록 토론하며 놀았는데, 고급 접대부들도 이러한 젊은이들의 논쟁법에 대해 알지 못하면 재미없는 여자로 찍혀 손님들을 받지 못했다. 요즘 어른들이 정치 이야기를 안주로 삼아 밤새도록 술을 마시는 것과 별반 다를 것이 없다.

결투를 밥 먹듯이 하는 귀족들에게 펜싱은 생명을 유지하는 중요한 기술일뿐더러 여가를 즐기는 레저의 일종이었다. 고등학생과 대학생들은 학교나 학생용 살롱에서 밤새도록 와인을 마시고 떠들면서 무딘 칼로 펜싱 대회를 열고 이를 즐겼는데, 이러한 전통은 독일과 영국에 아직까지도 남아 있어서, 오늘날 대학 생활의 중심으로 자리 잡은 영국의 의형제 사회(Fraternity)나 독일의 결투 사회(Bunschengeschaft)에서 그 모습을 엿볼 수 있다.

당시 사람들에게 하프시코드 반주법은 매우 중요한 것으로, 가창법을 연습해 술을 마시다가 자신의 하프시코드 반주에 맞추어 목소리를 자랑하는 것을 즐겼는데, 이 역시 오늘날 사람들이 노래방에서 노래를 부르며 노는 것과 다를 바 없다.

시 낭독 또한 지금의 노래방과 비슷한 용도로 쓰여, 시 낭독을 잘하는 사람은 여인들의 영웅이 되고 동료들의 존경을 얻었다. 시끌벅적한 바에서도 두 사람이 시 낭독 겨루기를 하면 좌중은 물을 끼얹은 듯 조용해졌다. 서로 어려운 운율을 붙여 즉석에서 시를 낭독하면 누군가가 술을 사고 여인들의 마음을 샀다.

당시에는 남자들만 학교를 다닐 수 있었기 때문에 여성들은 이런 데 참여할 기회가 없었지만, 이러한 재주를 배워두면 남자들이 어느 정도 동등하게 대접해주었기 때문에 똑똑한 여자들은 집에서 혼자 시를 익히고 노래 연습을 했다.

바로 이러한 것들이 다 공부다. 수학·문학·철학·신학·라틴어 등은 지금의 학생들이 볼 때 매우 학술적이고 골치 아픈 기초 과목들이지만 신학을 제외하면 논쟁·시 낭독 등은 사실 레저 생활을 도와주는 도구 정도에 불과했다.

텔레비전이나 영화가 없었던 시대에 연극과 문학은 지금의 텔레비전이 하는 일을 대신했다. 볼테르나 몰리에르가 정치에 대한 비평을 한 것은 오늘날 개그맨들이 대통령을 흉내 내는 것과 비슷한 것으로, 볼테르의 새 작품이 나오면 사람들은 책방으로 달려가 그의 책을 사서 읽으며 키득거리고 그의 농담들을 되풀이하며 웃었다. 몰리에르나 셰익스피어의 작품들도 가벼운 대중극에 불과했다. 운율을 중요시하던 당시 사회에서 관객들은 새로운 운율로 떠드는 배우들의 동작을 지켜보면서 비웃거나 극 사이사이에 나오는 서커스 기교를 보기 위해 극장에 가는 경우가 많았다.

철학은 재미있는 논쟁거리를 만드는 하나의 통로였다. 새로운 철학책이 나오면 그 사람의 이론이 맞느니 틀리느니 하며 친구들끼리 논쟁을 벌이는 것이 보통이었다.

당시 학생들은 라틴어와 그리스어를 기본적으로 할 줄 알고, 악기를 다룰 수 있었으며, 시 낭독을 기막히게 하는 동시에 칼을 쓸 줄 알았다. 그것은 그들의 머리가 유별나게 좋은 것을 나타내는 것이 아니라 귀족으로 태어나서 그저 자기가 원하는 시간에, 자기가 좋아하는 방법으로 공부하면 그만큼 효율이 높아진다는 것을 보여주는 증거에 불과하다.

마음대로 공부하라

공부는 다른 데 신경쓰지 않고 공부에만 몰두할 때 가장 잘 된다. 누구에게나 딱 맞는 공부법은 없다. 삐딱하게 앉아 책을 보든 수업 시간에 껌을 씹든 자신에게 맞는 방법을 찾아내 실행하라.

누구에게나 효과적인 공부법은 없다

공부의 가장 중요한 기술은 자기가 가장 좋아하는 방법으로 해야 한다는 것이다. 올림픽 금메달을 딴 선수 중 체육 교과서에 나오는 정확한 자세와는 거리가 먼 자세를 취하면서도 쉽게 득점하는 선수들이 있듯이, 학원이나 학교에서 가르치는 방법을 곧이곧대로 따른다고 해서 공부를 잘하는 것은 아니다.

좋은 학원에 열심히 다녀도 강의 내용이 귀에 안 들어오면 시간과 돈만 낭비할 뿐 성적이 오르지도 않고 공부가 잘되지도 않는다. 문제 풀이가 어려워 족집게 과외를 했는데도 여전히 어렵기만 하다면 그 역시 시간과 돈 낭비만 한 것이다. 문제집을 되풀이해서 풀어도 점수가 올라가지 않으면 당장 그만두는 편이 현명하다. 참고서를 외워도 그 내용이 머리에 들어오지 않으면 붙들고 앉아서 시간 낭비를 할 것이 아니라 차라리 참고서를 내다버려라.

여러 가지 방법으로 공부를 하고도 성적이 오르거나 이해력이 높아지지 않을 때 시간이 지나면 나아질 것이라고 생각하는 것은 착각에 불과하다. 강남의 유명한 학원들이 '공부하는 비법'을 가르친다고 해서 주변의 집값이 오르는 통에 부동산 투기 문제가 사회를 떠들썩하게 만들었지만 누구에게나 똑같이 적용되는 공부 비법이란 없다. 공부란 개인별로 좋아하는 방법이 달라 자기가 재미있어 하는 방법으로 해야만 능률이 오르게 되어 있다.

내 입맛에 맞는 공부법을 찾아라

우리나라 학생들은 귀 따갑도록 똑바로 앉아서 공부하라는 잔소리를 듣는다. 그러나 이런 자세로 공부를 한다고 해서 공부가 잘되는 것은 아니다. 이것은 엄숙한 표정과 자세를 중요시하여 일거수일투족이 절도 있게 보여야 한다고 믿었던 영국 청교도나 바른 자세에서 바른 정신이 나온다고 믿었던 우리나라 선비 사상의 산물일 뿐이다. 공부는 다른 데 신경 쓰지 않고 공부에만 몰두할 때 가장 잘된다. 바른 자세 따위에는 신경 쓰지 않고 자기에게 가장 편한 자세로 앉아서 하는 것이 가장 좋다. 게다가 한번 굳어진 습관을 바로잡기란 그 자체만으로도 벅찬 일이어서 공부하면서 자세까지 바로잡으려고 하면 둘 다 제대로 할 수 없기 마련이다.

최근 일본 과학자들은 씹는 운동이 기억력을 높인다는 사실을 밝혀냈다. 이들은 기억력 테스트에서 책을 읽으며 무엇인가를 씹은 사람들은 그렇지 않은 사람들보다 10~20퍼센트 더 높은 점수를 얻었다고 했다. 사람은 두뇌 활동을 할 때 입을 움직이려고 하는 충동을 느낀다고 한다. 수업 시간에 껌을 씹지 말라는 선생님들은 이 같은 두뇌의 특성을 잘못 알고 있는 셈이다. 껌을 씹으며 공부하는 것을 좋아하는 사람은 그렇게 해야만 효과가 커진다. 리듬도 공부의 효율성을 높이는 데 도움이 된다. 미국 교육학자들은 사람이 몸을 규칙적으로 흔들거나 음악을 들으며 리듬을 타면 뇌의 주파를 민감하게 만들어 기억력과 이해력을 증진시킨다고 믿는다. 책상 앞에 부동자세로 앉아서 공부해야 한다는 부담은 우리나라 학생들을 너무 오랫동안 짓눌러왔다. 자기에게 가장 편한 자세에서 가장 높은 효율을 올릴 수 있다는 것은 이제 교육학을 배운 사람이라면 누구나 다 아는 일이다. 공부는 자신에게 가장 재미있는 방법과 자기에게 가장 편한 자세로 해야만 효과를 극대화할 수 있다.

나는 역사 공부를 할 때 사극에 나올 만한 재미있는 내용을 친구들과 대화할 때 이야기를 하듯 들려준다. 친구들이 관심을 보이면 역사책에서 찾아본 후 그 다음 날 다시 이야기해준다. 역사책을 찾아보는 횟수가 많아질수록 이야깃거리는 더 풍부해진다. 남들이 어렵다고 쩔쩔매는 경제학 이론도 쉬운 단어로 요점을 정리해서 이해한다. 고급회계를 배울 때는 조그마한 공장을 그림으로 그려놓고 그 안에서 물건이 움직이는 것을 상상하면서 내용을 살펴보았더니 쉽게 이해할 수 있었다.

자기한테 잘 통하는 방법이란 나의 관심을 끌고 재미있게 공부할 수 있는 방법을 말한다. 즉 잡지나 신문 읽기를 좋아하면 잡지나 신문에서 배우고, 텔레비전 시청을 좋아하면 텔레비전 시청을 통해 배울 수 있다. 다만 이런 방법으로 배운 것들은 학과 공부에 연결하는 방법을 함께 배워야 공부기술이 된다. 나는 디스커버리와 히스토리 채널을 즐겨 본다. 우리가 접하기 어려운 나라의 역사도 자세히 배울 수 있고 고대의 기술 발전, 신기술의 이해 등을 그동안 학교에서 배운 것들과 연결 지으면 엄청난 공부가 된다. 무엇이든 가장 빠르게 배우는 방법은 자기에게 흥미로운 방식으로 정보를 습득하고 그것을 자기가 원하는 방식으로 모아서 재구성하는 것이다. 그렇게 공부하면 기대한 만큼 지식을 얻기가 쉬워진다.

20분마다 과목을 바꿔라

두뇌는 몸 전체에서 사용되는 것과 같은 양의 영양분을 필요로 하는 큰 근육이다. 따라서 뇌도 근육과 마찬가지로 사람마다 한 번에 쓸 수 있는 집중력에 한계가 있다. 무작정 오래 앉아 책을 붙들고 있다고 성적이 오르지는 않는다. 자신이 집중할 수 있는 시간을 파악하고 적절히 휴식을 취하거나 좌뇌와 우뇌의 균형을 맞추도록 과목을 바꿔가며 공부하면 훨씬 효율적으로 공부할 수 있다.

공부란 어렵고 힘든 것인가

독서실 안은 쥐 죽은 듯 고요하다. 창백한 얼굴로 하품을 하거나 아예 엎드려 잠을 자는 친구들도 있다. 다음 날 있을 모의고사 때문에 전 과목을 한 번씩 더 훑어보아야 하는데 수학에 자신이 없는 영배는 저녁 내내 수학 참고서를 붙들고 씨름하는 중이다. 몇 시간째 공부를 해도 여전히 미적분 문제가 잘 풀리지 않아 점점 머리만 무거워진다. 다른 과목도 한 번씩 더 봐야 하는데 시간은 미친 듯이 달려가는 것 같아 초조하기만 하다. 그러나 수학 참고서는 괴로움의 대상일 뿐 도대체 익숙해지지 않는다. 독서실 안의 학생들은 대부분 같은 학교 학생들로, 영배와 비슷한 표정으로 책상 앞에 앉아 하품을 참으며 책과 씨름하고 있다.

우리나라 고등학생들은 이처럼 어둡고 답답한 독서실에서 괴롭게 공부만 하다가 대학에 입학하면 "고생 끝, 행복 시작!"이라고 외치며 실컷 논다. 그리고 졸업반이나 되어서야 취업 준비를 위해 도서관을 찾는 경우가 많다. 그러나 미국 대학은 수시로 시험을 보고 낙제를 시키기 때문에 대학생들이 우리나라 고등학생들처럼 매일같이 도서관에 괴로운 표정으로 앉아 있다.

경영, 회계학, 매니지먼트 시스템 디자인 등은 뉴욕 대학 비즈니스 학과 여학생들이 이름만 들어도 치를 떠는 과목들이다. 수학은 간단하게 더하기 빼기만 하면 되지만, 여러 가지 전문용어들과 공장의 구조에 대한 이해를 필요로 하기 때문인지 특히 여학생들이 수학보다 이 과목들을 더 싫어한다.

뉴욕 대학 비즈니스 학과가 전혀 체질이 맞지 않지만 뉴욕 대학에서 가장 입학하기 어려운 명문이라는 이유만으로 이곳에 입학한 롱아일랜드 출신 한국인과 유대인 학생들이 많다. 펜실베이니아 대학, 미시간 대학 같은 곳은 의학을 공부하다가 정치학이나 건축학과로 편입해도 학과 간의 차이가 심하지 않아 별 문제가 되지 않지만, 뉴욕 대학은 학과 간 성적 차가 심해 마음 놓고 전공을 바꿀 수 없다. 뉴욕 대학 비즈니스 학과와 예술학과는 세계적인 명문으로 꼽히지만 그 이외의 학과는 대체로 등급 격차가 심해 등급에 민감한 한국과 유대인 부모님들은 자녀를 뉴욕 대학에 보내려면 실력이 되는 한 무조건 비즈니스 학과로 보내려고 한다.

이러한 이유로 뉴욕 대학 비즈니스 학과에 입학한 제시카는 내 옆자리에 앉아 사사건건 질문을 하고 가끔 시험을 볼 때면 내 답안지를 커닝하는 귀찮은 친구였다. 제시카는 2학년 1학기 기말고사를 앞둔 어느 날, 그런 식으로 칙칙하게 학창 시절을 보낼 수는 없다는 듯 뭔가 굳게 결심을 한 얼굴로 나에게 회계학 등 골치 아픈 과목을 개인지도 해줄 것을 부탁해왔다. 나는 이미 시험공부를 끝냈기 때문에 쾌히 승낙했다.

시험이 있기 사흘 전부터 비즈니스 학과 지하에 있는 학생 라운지는 시험을 준비하는 학생들로 북적인다. 그곳은 종이 넘기는 소리, 연필 움직이는 소리, 이해되지 않는 부분에 대해 서로 질문하며 논쟁하는 소리 등 진지하게 공부하는 모습으로 가득 찬다. 나는 제시카에게 개인지도를 하는 첫 단계로 지난번 시험에 출제되었던 문제와 숙제의 내용을 다시 훑어보며 그녀가 혼자 풀지 못하는 문제들에 대해 상세하게 설명을 해주었다. 첫날 그런 식으로 공부하는 동안 어느 새 7시간이나 지나버렸다.

주변을 살펴보니 벌써 밤 10시가 되었다. 제시카와 내가 공부를 시작한 오후 시간보다 학생들은 더 많아졌다. 하지만 공부에 열중하는 학생들의 모습은 별로 눈에 띄지 않았다. 지루한지 기지개를 켜며 몸을 비트는 학생, 책상에 엎드려 반은 정신이 나간 듯 멍한 눈으로 책을 들여다보는 학생들이 대부분이었다.

방 안은 학생들이 저녁 식사로 배달시켜 먹은 피자 냄새로 가득 차 있었다. 공부하며 흘린 땀에 찌든 학생들은 불쾌한 표정으로 얼굴을 소매로 닦아내고 있었다. 우리나라는 고등학교에서 울고 대학에서 웃는다고 하고, 미국은 고등학교에서 웃고 대학에서 운다고 하는 말이 실감나는 풍경이었다.

당시 미시간 공대생이던 형의 친구들도 며칠 동안 밤새는 일을 밥 먹듯 했다. 공부란 어디에서 하건 이렇게도 어렵고 힘들기만 한 것일까? 우리나라 고등학생들이 고생하며 공부하는 독서실이나 뉴욕 대학이나 미시간 대학 등의 도서관에서 공부하는 학생들은 비슷한 성적으로 학교에 입학해 똑같이 열심히 공부를 하지만 각기 다른 성적을 낸다. 이렇게 차이가 나는 가장 큰 이유가 무엇일까? 그것은 한 과목을 집요하게 물고 늘어지며 종일 시간을 보낸 것과 여러 과목을 교차하며 시간 관리를 한 것의 차이다.

한 과목을 지겹게 오래 붙들고 있지 말라

'고통 없이는 승리도 없다'는 말은 20년 전 미국 교육의 기본 철학이었다. 'No Pain No Gain'이라는 문장은 아직도 덩치 큰 하류 층 백인들을 위해 동네마다 세운 싸구려 실내 체육관의 벽보에서 쉽게 찾아볼 수 있다.

미국과 독일 의학계는 지난 20여 년간 막강한 영향력을 발휘한 이 말에 대해 대단히 비판적이다. '고통'이라는 것은 신경이 몸에 뭔가 잘못된 것을 알려주는 신호다. 고통을 참으면 신경이 무디어 질 뿐 몸의 잘못된 부분이 고쳐지지는 않는다. 우리의 몸은 우리 자신보다 스스로를 더 잘 알고 있다. 실험에 의하면 두뇌도 마찬 가지다. 두뇌는 몸 전체에서 사용되는 것과 같은 양의 영양분을 필요로 하는 큰 근육이다. 따라서 뇌도 근육과 마찬가지로 사람마 다 한 번에 쓸 수 있는 집중력에 한계가 있다.

실험에 의하면 100페이지의 책을 쉬지 않고 읽을 경우 처음 10페이지에 있는 내용은 거의 모든 사람이 정확하게 기억하는 데 비해, 마지막 10페이지는 무슨 내용인지 전혀 기억하지 못하는 경우가 많았다. 기억을 하더라도 완전히 왜곡된 내용으로 기억하 고 있는 경우가 대부분이었다.

음악을 공부하려면 음악의 세세한 부분을 주의 깊게 들으며 곡 을 해석하는 방법부터 연습해야 하는데, 이 경우에도 고도의 집중 이 필요하다. '5분 동안 집중을 하고 5분간 완전한 휴식'을 해야 집중의 효과를 극대화할 수 있다. 보통 수준의 집중을 유지하려면 50분마다 10분씩 휴식을 취하거나 전혀 관계없는 다른 일을 하며 긴장을 풀어야 한다. 그러지 않으면 피곤한 두뇌는 기억의 작동을 멈추어버려 어떤 정보도 제대로 이해하고 기억하지 못하는 상태에 이르게 되고, 휴식을 취하고 싶다는 신호를 보내 몸이 불편해진다. 서너 시간 쉬지 않고 공부한 학생들이 몸을 뒤트는 이유가 바로 여기에 있다.

두뇌는 육체와 똑같이 취급해야 한다. 오랫동안 효율적으로 사용하려면 적당한 휴식을 취해야 한다. 마라톤 같은 장거리를 잘 달리는 선수가 있는가 하면 100미터 질주를 잘하는 단거리 선수가 있는 것처럼, 5분 동안 거의 완벽한 집중력을 가지고 있다가 금세 지치는 학생이 있는가 하면 꾸준히 장시간 집중할 수 있는 학생도 있다. 하지만 아무리 위대한 마라톤 선수도 어제 마라톤을 하고 오늘 또 뛸 수 없으며, 100미터 질주도 두 번 연속으로 할 경우에는 점점 속도가 느려지게 마련이다.

공부도 마찬가지다. 무조건 오랜 시간 책을 붙들고 있으면 공부를 고통스럽게 여기게 될 뿐 능률을 올릴 수 없다. 한 번에 5분밖에 집중할 수 없다고 낙심할 필요는 없다. 집중력이 짧은 사람은 고도의 집중력과 칼같이 논리적인 사고력을 가지고 있다. 로켓 엔진이 가스 엔진보다 빨리 닳는 것처럼 단기 고도 집중력을 가진 사람이 집중할 수 있는 시간을 지혜롭게 사용하면 짧은 시간에 엄청난 효과를 볼 수도 있다.

또 공부를 재미있게 하는 방법에 익숙해질수록 강한 집중력을 유지하는 시간은 점차 늘어나며, 여유를 가지고 천천히 한 글자 한 글자 이해하는 습관을 기르면 매일 5분씩만 공부해도 상당한 효과를 낼 수 있다.

공부할 때 '딴 짓 하지 말라'고 귀 따갑게 야단 맞아온 우리 청소년들은 미리 몇 시간 공부할 것인지 시간을 정해놓고 그 시간 내내 한 과목만 붙들고 있는 경우가 많다. 새로운 의학 이론에 따르면 그것은 가장 비효율적이고 피곤한 방법이다.

나는 고등학교 2학년 때 한 과목을 20분 동안 공부한 뒤 두뇌의 다른 부분을 사용할 수 있는 전혀 다른 과목으로 옮겼다가 다시 원래 공부했던 과목으로 돌아오는 것이 가장 효율적인 방법임을 발견했다. 즉 수학을 20분간 공부했다면 국어를 20분간 공부해 좌뇌와 우뇌 활동의 균형을 맞추어주는 것이다.

새벽 2시까지 책과 모의고사 대비 문제집을 앞에 놓고 시험공부를 하는 미국 대학생들을 자세히 관찰해본 적이 있는데, 누구도 늦은 시간까지 공부에 집중하고 있지는 않았다. 그도 그럴 것이 뉴욕 대학 비즈니스 학과에 다니는 학생들은 회계학, 마케팅 통계학, 경영 관리 모델 등을 공부하면서 수학적 두뇌 기능만을 쉬지 않고 사용하기 때문이다.

나는 공부기술을 터득한 후 피아노를 취미로 삼았다. 그리고 항상 소설책이나 시집 몇 권을 옆에 두고 수학적인 과목을 공부할 때는 언어와 음악을 지배하는 좌우 두뇌를 20분 간격으로 교체해서 사용했다. 또 프랑스어와 독일어 테이프를 사놓고 세 번씩 바꿔 들기도 했다. 다른 학생들처럼 영어 공부를 할 때는 몇 년 동안 밤새며 공부해도 어렵기만 했는데 프랑스어와 독일어는 공부기술을 터득한 후 그 방법대로 공부해서 놀면서 슬슬 6개월 익힌 실력으로 뉴욕에서 마주치는 웬만한 유럽 사람과 그 나라 언어로 어렵지 않게 대화할 정도의 실력을 갖출 수 있었다.

나는 한 자리에 앉아서 지겨울 정도로 프랑스어와 독일어, 아랍어 공부를 하지 않았다. 그 어렵다는 러시아어를 배우려고 마음먹은 내 친구도 장시간 한 과목에 매달려 오랜 시간을 노력하고도 성과를 내지 못하다가 나의 충고에 따라 새로운 공부기술을 받아들여 대단한 성과를 올렸다. 이러한 학습법을 사용하면 두뇌의 휴식이 얼마나 중요한지를 쉽게 알 수 있을 것이다.

공부를 설계하라

예술과 학문은 구상한 만큼의 효과만을 거둘 수 있다. 무작정 책과 노트를 펴 들기보다는 원하는 효과를 생각하고 그 효과를 거두도록 전체를 작은 단위로 나눠 실천 순서를 정하고 매일 조금씩 실행에 옮기자.

공부는 구상한 만큼 효과를 거둔다

나는 어려서부터 건망증이 심해 우산, 도시락 등 크고 작은 물건들을 여기저기에 흘리고 다녀 부모님에게 꾸중을 많이 들었다. 어머니가 방송사에 다니셨기 때문에 집 열쇠를 가지고 다녀야 하는 '열쇠 소년'이었던 나는 열쇠를 잃어버려 부모님이 돌아오실 때까지 문앞을 서성거리는 일이 많았다. 어느 날 어머니도 열쇠를 깜빡 잊고 집에 두고 나오셔서 낭패를 겪은 일이 있다. 어머니는 아나운서로 교대근무를 하셨기 때문에 아버지와 귀가 시간이 달라 아버지의 도움을 기대할 수 없었다. 어머니는 즉각 옆집 전화기를 빌려 열쇠 기술자를 부르셨다. 이날 열쇠 기술자는 드라이버, 송곳 등 몇 가지의 도구만 가지고서 복잡한 아파트 현관문을 단번에 열었다. 그 순간 나는 간단한 기술을 터득하면 풀기 어려운 문제도 쉽게 해결할 수 있다는 사실을 어렴풋하게나마 깨닫게 되었다.

뉴욕의 거리 예술가 잭슨 폴록은 행위 예술의 창조자로 유명하다. 캔버스에 붓을 대지 않고 붓에서 물감이 줄줄 흐르게 해서 자연스럽게 만들어진 선으로 그림을 그리는 것은 그의 트레이드마크다. 폴록은 근육질의 우람한 체격에 군인 장교 같은 얼굴을 한 남성미가 넘치는 사람이다. 그가 페인트 묻은 청바지와 가슴 근육이 드러나는 하얀 티셔츠를 입고, 시가를 어금니로 깨물며 붓을 휘두르는 모습을 보기 위해 몰려온 예술 애호가들이 뉴욕 예술촌인 소호의 초기 관광객들이었다. 그런 잭슨 폴록에게 어느 기자가 물었다. "그림을 미리 구상하고 그리시는 겁니까? 아니면 페인트를 흘리다 보면 저절로 나타나는 겁니까?" 폴록은 그 기자를 돌아보며 간단하게 대답했다. "예술과 학문에서는 구상한 만큼의 효과만을 거둘 수 있습니다." 구상한 만큼 효과를 얻는다는 것은 한 분야에서 뛰어난 성공을 거둔 모든 사람들이 공통적으로 하는 말이다.

기술이란 무엇인가? 파리 음대 교수였던 지기스문트 탈버그는

"기술이란 상상력과 표현을 이어주는 기관이다"라고 말했다. 탈버그의 경쟁자인 카를 체르니 역시 "기술은 자신이 생각하는 구상을 가장 힘들이지 않고 표출시키는 방법이다. 따라서 구상 없이는 기술이 있을 수 없으며, 기술 없이는 효과도 얻을 수 없다"면서 체르니 피아노 연습 교본을 만들었다.

공부에서 가장 중요한 것은 공부의 방향, 즉 설계다. 종이 위에 무엇을 그릴 것인지 미리 구상하지 않고 연필부터 대서 선이 종이 밖으로 나가게 만드는 아마추어 예술가들처럼, 수많은 학생들이 어떻게 공부할 것인가를 미리 구상해보지 않고 무작정 책과 노트부터 펴 든다. 전 과목의 교과서가 모두 200페이지 안팎인 초등학교 때는 노력만 하면 다 외워버릴 수도 있다. 하지만 600페이지가 넘는 전공 교과서, 1000페이지가 넘는 입시 교재를 몽땅 다 외우는 건 무리다. 미리 원하는 효과를 생각하고 그 효과를 거두도록 전체를 작은 단위로 나누어 매일 실천하면 큰 효과를 낼 수 있다. 작은 단위의 실천 순서를 정해 매일 조금씩 실행해나가는 것과, 막연하게 일반적인 순서대로 한꺼번에 해결하려고 달려드는 것, 이것이 바로 프로와 아마추어의 차이다.

프로 영화인들은 완전한 시나리오를 만들어놓고, 같은 장소에서 찍어야 하는 장면끼리 모아 촬영 스케줄을 짠다. 즉 이야기 순서가 아니라 촬영 스케줄에 따라 촬영을 한 후 이야기 순서대로 편집을 해서 작품을 완성해야만 적은 비용으로도 쉽게 일을 마칠 수 있다. 프로들은 모든 일을 그런 식으로 진행한다. 공부도 그렇게 해야 한다.

설계도가 있으면 어려운 문제도 쉽게 풀린다

대학 입시나 대학 졸업 논문을 준비하는 학생들은 공부를 시작하기 전에 항상 다음과 같은 세 가지 질문을 던져보자.

- 나는 무엇을 알아야 하는가?
- 내가 원하는 정보를 어디서 어떻게 찾을 것인가?
- 정보를 찾은 후에는 어떻게 기억할 것인가?

위의 질문들은 집 지을 때 반드시 필요한 설계도와 같다. 공부도 공부할 순서와 방법을 설계한 후 시작해야 능률적으로 할 수 있다. 공부할 것을 미리 설계하면 내가 배워야 할 것들, 특히 반드시 알아야 하는데 잘 모르는 것들을 한눈에 파악할 수 있다. 그러면 무작정 교과서나 노트를 몽땅 다 훑어보느라고 시간을 낭비하지 않고 모르는 것만 골라서 집중적으로 살펴볼 수 있어 시간을 절약하면서도 좋은 성적을 거둘 수 있다. 이러한 사전 계획은 자신이 얼마나 공부를 했는지도 쉽게 알 수 있어 지금까지 해둔 공부의 양을 측정하고 앞으로 해야 할 공부의 양을 쉽게 파악할 수 있다.

문제집이나 참고서는 공부의 전체적인 계획을 실천하는 보충 자료로만 사용해야 한다. 사람마다 얼굴이 다르듯 자신에게 맞는 공부기술은 다르기 마련이다. 그런데 다른 사람들이 한다고 똑같이 참고서나 문제집을 무작정 첫 페이지부터 차곡차곡 풀어나간다면 그것처럼 무모한 짓도 없다. 특히 문제집은 문제 유형이 거의 비슷해 아는 문제만 풀고 또 풀게 돼 무작정 문제집을 많이 풀다 보면 시간만 낭비할 수 있다. 앞에서 제시한 대로 공부 계획을 짜두면 반드시 보충해야 할 모르는 내용들만 뽑아내 집중적으로 풀어봄으로써 자신의 부족한 부분을 채우는 공부를 할 수 있다.

다음의 '공부 설계도 짜기의 예'를 응용해 공부할 내용에 대한 표를 만든 다음 지금까지 학교나 학원에서 사용한 교과서나 노트를 빠른 속도로 '대강 훑어보자.' 대강 훑어보는 것은 공부에서 매우 중요한 행위다. 눈은 저절로 처음 보는 정보에 끌린다. 책을 훑어보며 핵심을 정리하면 미처 생각하지 못했던 새로운 정보를 쉽게 발견할 수 있다. 다시 말하면 오랜만에 교과서나 참고서를 훑어보면 잊었던 내용들이 저절로 눈에 들어온다. 따라서 책을 보는 동안 중요한 내용은 따로 조그마한 글씨로 적어놓았다가 전체를 훑어본 후 잠시 쉬었다가 집중적으로 다시 살펴보는 것이 좋다.

이러한 공부 방법이 습관화되면 무엇을 공부할 것인지, 어떻게 공부할 것인지, 어떤 순서로 공부할 것인지 등을 저절로 터득할 수 있다. 공부에 대한 사전 구상이 있기 때문에, 그 구상에 따라 빨리 해낼 수 있는 능력, 즉 공부기술이 향상되는 것이다.

사전 계획을 세운 후 공부하면 다른 학생들이 10시간 걸리는 시험공부를 단 한 시간, 경우에 따라서는 단 30분 만에 끝낼 수도 있다. 짧은 시간 안에 효율적으로 공부해서 좋은 성적을 내는 비결은 계획을 잘 세워 쓸데없는 공부로 시간을 낭비하지 않는 것, 이것이 핵심이다.

<table>
<tr><td>설계도
짜기의 예</td><td>

■ **목표** : 기말고사 수학

■ **알아야 할 것** (여기서 제시한 페이지는 가상의 페이지임)

1. 미분으로 복잡한 물체의 부피 찾기

- 공식 암기 (교과서 72쪽)
- 공식 이해하기 (교과서 68~72쪽, 참고서 201~208쪽)
- 숙제 검토 (10월 12 · 15 · 17일)
- 여러 가지 변형된 문제를 풀어보기 (문제집에서 부피 찾기 문제만 고를 것. 숙제와 지난번 시험문제를 다시 풀어보고 정답 이해하기)

2. 곡선 함수의 최고점 찾기

- 공식 암기 (교과서 104쪽)

■ **목표** : 대학 입학 수학능력시험

■ **보충해야 할 것**

1. 어휘

- 대학 입학 수학능력시험을 위한 외국어 및 각 과목의 전문용어를 뽑아 하루 25개 단어씩 암기하기
- 수준급의 책 다섯 권을 골라 두 달 안에 읽으며 그 안에서 모르는 단어 찾아보기

</td></tr>
</table>

나만의 인생 목표를 갖자

막연히 학교 공부만 하는 것은 인생에서 실패하는 지름길이다. 우리는 이미 학벌과 사회적 · 경제적 지위가 일치하지 않는 사회에 살고 있다. 무작정 좋은 대학에 가기 위해 공부하기보다는 구체적 삶의 목표를 세우고 이를 이루기 위해 공부하는 것이 훨씬 동기부여가 된다.

나를 위한 공부, 남을 위한 공부

미국에서 공부할 때 우리 가족과 아주 친한 한국인 가정이 있었다. 대학에 입학한 후부터 방학이 되면 그 집에 놀러가서 일주일쯤 머무는 것이 연례행사였다. 파리로 건너간 후인 2008년 여름에 그 집에 놀러 갔을 때다. 마침 그곳에는 한국에서 온 아이들의 사촌이 머물고 있었다. 오랜만에 만난 친구들과 김밥을 사 먹고 시원하게 드라이브를 하고 있는데, 중학생인 아이들의 사촌 여동생이 발을 동동 구르며 집에 가야 한다고 아우성을 쳤다.

"벌써 밥 먹는 데 두 시간이나 걸렸잖아요. 공부할 시간 모자라요."

그 아이는 이렇게 고함을 지르며 집에 가자고 보챘다. 중학생 때 그렇게까지 열심히 공부를 해본 적이 없는 나로서는 도저히 이해가 되지 않아서 물었다.

"너 벌써부터 그렇게 공부만 해서 뭐 하려고 그러니?"

그 아이의 더욱 기가 막힌 대답.

"공부 안 하면 엄마한테 혼나요."

그 아이는 어디에 가든지 공부에 대한 부담을 안고 있는 데다 그것이 어머니의 강압 때문이라는 게 더 큰 문제였다. 아직 중학생에 불과한 아이가 그런 식으로 공부를 하면 당장 눈앞의 성적은 올릴 수 있지만 자신의 능력으로 공부해야 하는 대학생이 되고 나면 문제가 생겨날 것이 분명했다. 자나 깨나 공부에 대한 부담을 안고 있으니 공부가 즐거울 리 없었다. 더군다나 타의에 의해 열심히 공부해야 하는 것보다 더 지겨운 일은 없을 것이다.

우리 외할아버지는 잔뜩 먼지가 묻은 오래된 책을 모으는 것이 취미였다. 외할아버지의 귀염을 많이 받고 자란 나 역시 낡은 고서적을 사랑한다. 뉴욕 대학 도서관 6층에는 습도와 온도가 철저히 조절되는 방이 있는데, 그곳은 들어가는 사람을 보기 힘들 정도로 인적이 드물다. 이곳은 대학이 문을 연 200여 년 전부터 모아온 책들 중 가장 오래되고 귀한 책들을 보관하는 방이다. 나는 여기서 라틴어로 된 베네딕트 드 스피노자의 원서를 읽거나 성 갤론 성당의 그레고리 성가 모음집을 읽으며 많은 시간을 보냈다. 특히 중세 시대 제작된 손으로 베낀 가죽 표지의 책을 들여다보는 것은 내게 거의 환상적인 행복이었다. 대학교 신입생 시절, 이 조그마한 박물관에서 나오다가 건너편 학생 휴게실로 향하던 친구와 마주쳤다.

"너 거기서 뭐하니?"

"책을 몇 권 읽었어."

"그런 책을 읽어서 어디에 쓰려고?"

"그냥, 오래된 책을 읽는 것은 내 인생 목표 중 하나야. 그것 때문에 중세 독일어도, 라틴어도 배웠어."

친구와의 대화 때문인지 나는 학생 휴게실에서 열심히 공부하고 있는 학생들을 지켜보다가 호기심이 발동해 몇몇 학생들에게 왜 공부하는지 물어봤다.

"점수를 잘 받으려고."

거의 모든 학생들의 공통적인 대답이었다.

좋은 점수를 받는 것을 목표로 하지는 않았지만 나는 고서적을 열심히 읽은 결과, 폭넓은 지식을 얻게 돼 다른 학생들이 부러워할 만한 높은 점수를 큰 노력하지 않고도 받을 수 있었다. 내 자랑을 하는 것처럼 들릴지도 모르지만 공부는 공부를 하는 주관적인 목표가 분명할수록 부담 없이 자발적으로 할 수 있다는 것을 강조하려는 것이다.

달리기 선수들은 "내년까지 100미터를 10초 안에 뛰겠다"와 같은 구체적인 목표를 세우고 운동할 때 가장 좋은 성과를 거둔다고 한다. 공부도 이와 마찬가지다. 미국 고등학교에는 진로 문제로 고민하는 학생들을 도와주고 대학 준비 등에 대해 상담해주는 상담실이 있다. 상담 교사들의 수첩에 적혀 있는 첫 문장은 바로 이것이다. "인생의 주관적 목표가 없는 것이 성적 저하, 폭력, 마약 중독, 알코올 중독의 원인이다."

우리나라에선 너무나 오랫동안 학생들이 좋은 대학에 가는 것만을 인생의 목표로 삼아왔다. 하지만 학벌이라는 막연하고 실질적이지도 않은 목표를 위해 빛나는 청춘 시절을 오로지 공부만으로 채우라고 요구하는 것은 한 번뿐인 인생을 함부로 낭비하는 것이나 마찬가지다. 과거제도가 유일한 신분 상승의 길이었던 오래전 우리 역사에서 비롯된 생각인지도 모르지만, 현대를 사는 학생들이 받아들이기에 절대적인 기준으로서 '학벌'은 이미 설득력을 많이 잃었다. 막연하게 어른이 되어서 고생하지 않기 위해서가 아니라 고서적을 읽기 위해서, 비싼 자동차를 몰 수 있을 만큼 돈을 벌기 위해서와 같은 구체적인 목표를 갖는 것이 훨씬 설득력 있다.

구체적인 인생 목표가 책상 앞에 앉게 한다

이미 학벌과 장래의 경제적·사회적 지위는 거리가 멀어지고 있다. 잭 웰치 같은 세계적인 기업가도 명문이라고는 할 수 없는 대학을 졸업했다. 그는 오히려 그런 대학에서 자신감과 리더십을 배울 수 있었다고 고백했다. 세계 200대 회사의 창업자들을 보면 성격만큼이나 학벌도 다양하다. 그야말로 행복은 성적순이 아니라는 말이 실감날 정도다.

우리는 이제 더 이상 높은 학벌과 사회적·경제적 성공이 일치하지 않는 사회에서 살고 있다. 초등학교만 나온 사람이 1년에 수십억 원을 버는 기업의 사장인가 하면, 서울대 박사 출신 실업자도 적지 않다. 물론 좋은 학교에 다니는 것이 어떤 특별한 분야에 진출하는 데 반드시 필요한 관문일 수도 있다. 경제 분석을 해야 하는 금융계, 지식이 근본인 학계, 전통을 이어받아야 하는 전통 예술, 의학이나 법학 분야 등은 대학을 나오지 않으면 진출하기 힘들다. 하지만 우리 모두가 이런 분야에 종사하기 위해 대학에 가려고 기를 쓰는 것은 아니다.

인생의 목표에 따라 공부의 방향과 초점, 방식이 달라져야 한다. 세계적으로 그 업적을 인정받은 위인들의 전기를 읽어보면 어렸을 때부터 모범생이었던 사람이 위대한 업적을 남긴 경우는 거의 없다. 뛰어나게 위대한 사람들은 오히려 대부분 학교 시스템에 적응하지 못했으며 그것을 좋아하지도 않았다.

알베르트 아인슈타인이 학교 공부를 잘하지 못했음은 이미 널리 알려진 사실이다. 아인슈타인은 스위스 일류 대학에서 물리학을 공부했음에도 불구하고 특허 사무실의 평범한 직원으로 일했다. 만약 그의 상대성 이론이 널리 알려지지 않았다면, 그는 방대한 물리학적 지식을 가지고 있었음에도 불구하고 특허 사무실의 평범한 직원으로 인생을 마쳤을 것이다.

세상 사람들이 인정해주는 위인을 살펴보면 여러 가지 유형이 있다. 미국 사람들은 1930년대의 유명한 밀주가이자 갱스터인 알 카포네, 영화감독 알프레드 히치콕, 가수 엘비스 프레슬리 등을 누구보다 뛰어난 위인으로 생각하며, 이들을 우상으로 여기는 사람들이 미국 헌법 창시자들의 이름을 아는 사람보다 훨씬 더 많다. 국민 전체의 교육 수준이 높은 선진국일수록 빈부 차이와 교육 수준의 상관관계는 더욱 낮아진다.

무작정 책상 앞에 앉아 문제를 풀어야 하기 때문에 공부하는 게 지겹다면 다음과 같은 생각을 해보자. '나는 이다음에 어떤 아파트에 어떤 가구를 놓고 살고 싶은가? 어떤 배우자와 어떤 관계로 살고 싶은가? 무슨 종류의 자동차를 몰고, 어떤 직장에서 어떤 종류의 사람들과 같이 일하고 싶은가? 주말에는 어떤 친구들과 만나 어떻게 보내고 싶은가?' 등 앞날에 관한 구체적인 그림을 그려보는 것이다. 머릿속에 자기 인생의 목표를 구체적인 그림으로 그런 다음에는 이 목표를 어떻게 달성할 것인지를 생각해 구체적인 계획을 세워보자. 만약 아름다운 전원주택에 사는 것이 소원이라면 그러한 집을 짓기 위해 '어떤 경제적 조건이 필요한가? 시골에서 그런 경제적 조건을 갖출 수 있는 직업은 어떤 것이 있는가?'를 생각한다. 그렇게 해서 하나의 분야를 선택했다면 그 분야에 진출하기 위해서 어떤 교육을 받아야 하고 어떤 시험을 통과해야 하는지를 알아내는 것이다.

이처럼 구체적인 인생의 방향을 정하고 공부를 하면, 공부는 지겹거나 내 인생과 관계없는 것이 아닌, 내가 살고자 하는 인생을 결정짓는 매우 귀중한 것으로 바뀌게 된다. 인생 목표를 세울 때는 구체적인 직업보다 사는 방식을 설정하는 것이 좋다. 목표가 이상적일수록 행동 방식은 구체적으로 설정해야 하고, 이것은 일상생활과 가까울수록 더 큰 효과를 낸다.

목표가 아무리 거창하더라도 구체적이고 논리적인 방안을 만들어 하나하나 실천해나가다 보면 그 목표를 달성할 가능성이 훨씬 높아진다. 더군다나 막연한 꿈이 아닌 자신의 이상을 기본으로 한 목표이기 때문에 도달 가능성이 더욱 확실해질 것이다.

■ **인생 목표 : 국제시민이 되고 싶다.**

• 국제시민이란 국가와 국경, 언어의 장애 없이 여러 나라를 누비며 사는 사람이다.

■ **조건**

① 비자와 시민권을 원하는 대로 얻기 위해서는 다른 나라에서 사업을 하거나 원하는 직장으로 스카우트될 만한 교육 조건과 경력(MBA 학위나 세계적 명문 대학의 박사 학위)을 구비한다.

② 여러 나라를 방문해야 하는 직업을 선택할 만한 능력을 갖춘다.

③ 몇 개 정도의 외국어는 능숙하게 한다.

④ 여러 나라에서 친구를 사귈 수 있도록 해외 문화에 대한 지식을 갖춘다.

■ **조건 ①의 충족을 위해**

• 좋은 대학에 가기 위한 계획을 세운다.

• 한국에서 대학을 졸업한 후 유학할 계획을 세운다.

• 미국으로 유학을 가고자 할 경우 대학은 TOFEL과 SAT, 대학원은 GRE와 GMAT 등에 관한 정보를 수집하고 고득점할 수 있는 계획을 세운다.

• 영국 대학에 가고 싶으면 A–Level과 해당 대학이 요구하는 언어 시험을, 프랑스 대학에 입학하기를 원하면 바칼로레아 시험과 해당 대학이 요구하는 시험 등을 준비한다.

• 이번 학기에 점수를 올리기 위해 문제집을 하루에 20페이지 이상 풀고 외국어 공부를 위하여 매일 단어를 25개씩 암기한다.

• 대학에 입학한 후 조교 등의 아르바이트를 해 교수들과 좋은 관계를 유지하고, 원서에 추천 사인을 받을 준비를 한다.

■ **조건 ②의 충족을 위해**

• 국제 사업 전문가, 국제 법률가, 고고학자, 역사학자, 예술 비

평가, 저널리스트 등 역할 모델들의 전기를 읽는다.
- 직장의 조건을 조사한다. 어떤 직장의 어떤 직업이 가장 내 취향에 맞는지 조사하여 입사 조건을 충족시킬 수 있도록 최대한 노력한다.

■ 조건 ③의 충족을 위해

- 세계에서 가장 널리 쓰이는 언어, 즉 영어 · 프랑스어 · 중국어 · 스페인어를 공부한다.
- 앞으로 부상할 국가의 언어, 즉 러시아어 · 아랍어 중 나에게 맞는 언어를 골라 매일 단어 25개를 카드에 적어 외우고, 녹음 테이프를 매일 5분씩 듣는다.

■ 조건 ④의 충족을 위해

- 세계 예술 · 음악 · 건축 · 역사에 대한 독서를 꾸준히 한다.
- 다른 나라의 텔레비전 프로그램을 시청하고 신문을 읽는다.
- 국제 영화제, 국제 음악제 등에 참가한다. 괴테 학원, 프랑스 연합 학원 등의 문화제에 참가한다.
- 새로 만난 사람들의 눈을 끌 만한 장기를 한두 개 계발해 매일 5분씩 연습한다.

■ 인생 목표 : 따뜻한 가정을 이루어 평범하게 살겠다.

■ 조건

① 가족들에게 시간을 많이 할애하면서도 수입이 좋은 직업을 갖는다.

② 경제적으로 안정된 가계를 이끌기 위한 경제력을 갖춘다.

③ 나의 의견을 존중해주는 배우자를 만난다.

④ 가정을 평화롭게 만드는 방법을 터득한다.

■ **조건 ①의 충족을 위해**

• 어느 정도 시간적·경제적 여유를 가질 수 있는 직업이 무엇이며, 그런 직업을 얻으려면 어떤 준비를 해야 하는지 연구한다.(부모 친지들에게 각 직장의 좋은 점과 나쁜 점에 대해 물어보고 인터넷으로 그 직장의 문화를 조사한다)

• 경제가 나빠지거나 국제 경제의 흐름이 달라질 경우에도 안정된 직업을 유지하도록 대학·대학원 등에 진학해 전문직을 얻기 위한 교육을 받는다.

• 이를 위해 대학 입학 수학능력시험에 대비하고 학교의 내신 관리를 한다. 어휘력·판단력을 기르기 위해 매일 신문을 읽고, 꾸준히 독서한다.

• 가족의 상황에 따라 자신의 직장을 언제든지 바꿀 수 있도록 여러 가지 직업 기술을 연마한다.

■ **조건 ②의 충족을 위해**

• 기본적인 가정 회계, 세무 기술, 장부 정리법을 공부한다.

• 국가 경제의 움직임에 따라 자신의 봉급이나 직장 환경이 어떻게 바뀔지 알 수 있는 기본적인 경제학 공부를 한다.

· 자녀의 결혼, 대학 교육, 은퇴 등을 위해 채권·주식 등에 대한 기본 투자 방식을 익혀둔다.

■ 조건 ③의 충족을 위해

• 다양한 분야의 사람들을 많이 만나야 하므로 여러 가지 취미
  를 계발해 동호회에 참여한다.
• 마음에 드는 이성에게 호감을 줄 수 있을 정도의 외모·매너
  관리를 한다.

■ 조건 ④의 충족을 위해

• 인간관계를 이해하기 위하여 기본 커뮤니케이션학·심리학에
  대한 이해를 높인다.
• 가족 내에 대화거리를 만들기 위한 문화생활의 폭을 넓힌다.
• 갈등 풀기, 효율적인 협상법의 기본을 익힌다.

무엇이든 궁금해하라

모든 지식은 하나로 이어진다. 그것이 무엇이든 닥치는 대로 배워라. 지식과 경험을 쌓는 것은 물론 이런 경험들이 모이면 학교 성적을 올리는 데도 반드시 도움이 될 것이다.

사통팔달의 지식이 현대의 르네상스 맨을 만든다

앨런 그린스펀 전 미 연방준비제도이사회 의장은 세계에서 가장 강력한 경제인으로 오랫동안 활동해왔다. 미국은 몇십 년간 그의 말 한마디에 주가가 몇십 퍼센트씩 오르내렸기에 월가의 눈은 아주 오랫동안 그린스펀의 입을 주시해왔다. 우리나라처럼 미국 증시의 영향을 많이 받는 나라 역시 그의 입을 주시할 수밖에 없었다. 클린턴 행정부에서부터 부시 행정부에 이르기까지 미국의 환율, 국제 현금 유통, 현금 발행, 은행업 허가, 이자 등을 조정하는 기관인 미국 연방준비제도이사회의 수장으로서 그린스펀은 세계 모든 금융 관련 종사자나 크고 작은 기업 경영인들의 주목을 받아 왔다.

그린스펀은 뉴욕 대학 학부를 졸업했는데, 지금도 신입생을 모집할 때면 자랑스러운 뉴욕 대학 출신으로 내세워 홍보하는 스타 동창이다. 그의 발자취를 따라 공부하는 나에게 그의 행적은 관심의 대상일 수밖에 없다. 그린스펀의 대학 시절 지도 교수였던 90대 연세의 어니스트 커르나우 교수는 2009년 현재도 학부 학생들을 가르치고 있다. 나도 이분의 수업을 받았는데 그는 자신이 가르친 그린스펀에 대해 "별로 좋은 학생이 아니었어. 너무 오만하고, 노력을 안 하는 스타일이었지"라고 회상하곤 했다.

그린스펀은 학창 시절 내내 동창이나 교수들과 그다지 좋은 관계를 갖지 못했다고 한다. 학창 시절의 그린스펀은 별로 머리가 좋은 편도, 지식이 많은 편도 아니었으며, 다른 학생들의 얼굴에다 대고 직접 면박을 줄 정도로 성격도 원만하지 않았다.

수학에 그리 뛰어나지 못한 경영학과 학생, 게다가 인간성도 그리 좋지 않고 발도 넓지 않았던 그런 학생이 어떻게 그렇게 오랫동안 미국 경제계의 지도자를 역임할 수 있었을까? 물론 학교 성적순으로 사회에서 성공하는 것은 아니지만, 미국 연방준비제도이사회의 수장이란 세계적인 경제 전문가들 가운데도 최고의 자리가 아닌가?

　게다가 더욱 놀랄 일은 줄리아드 음대에서도 그린스펀을 자기네 동창이라고 내세운다는 점이다. 그가 두 대학을 동시에 다녔을 리는 없고 아마도 나처럼 줄리아드 음대를 야간에 다녔을 것이다. 야간이나 주간이나 세계 최고의 음악 학교인 줄리아드 음대의 군대 훈련 같은 연습 스케줄은 악명이 높다. 줄리아드 음대의 살인적인 스케줄과 그보다 더 빡빡한 뉴욕 대학의 학사 과정을 동시에 해냈다면 그는 실력 있는 사람임에 틀림이 없다. 나 또한 뉴욕 대학의 비즈니스 스쿨에 다니면서 줄리아드 음대 야간에 동시에 다녀 당시 그린스펀의 하루 일과가 얼마나 벅찼을지 잘 알 수 있다. 그린스펀은 대학 시절에 비록 뛰어난 성적을 거두지 못했지만, 분명히 공부기술을 터득한 사람임에 틀림없다.

　우리나라에는 '팔방미인'이라는 말이 있고 미국에는 '르네상스 맨(Renaisssance Man)'이라는 말이 있다. 르네상스 시대에 대한 전문가인 스위스 미술사학자 제이콥 브르크하르트 박사의 《르네상스와 완벽한 인간형》이라는 책에 보면 르네상스 맨에 대해 이렇게 쓰여 있다.

　르네상스 시대는 완벽한 인간형을 창조했다. 이 완벽한 인간은 논리적 발언과 아름다운 말투를 사회적·공적으로 사용할 줄 안다. 시 작성, 악기 연주를 하고 그림을 그릴 수 있지만, 절대로 이런 일에 많은 시간을 쓰지 않는다. 르네상스 맨은 완벽한 글씨체로 글씨를 쓸 수 있고, 여러 나라의 언어로 편지도 쓸 수 있다. 말을 빠르게 타며 창을 다룰 줄 알고, 칼을 가지고 있든 빈손이든 간에 자신과 도시의 여성들을 보호할 줄 안다. 돛 달린 낚싯배를 다룰 줄 알며, 군함을 몰 수도 있다. 사업 수완도 뛰어나지만, 절대로 돈을 거론하지 않는다. 항상 깨끗한 옷차림을 하고 있지만, 패션에 지나치게 신경 쓴 모습은 찾아볼 수 없다.

나는 그린스펀 같은 사람이 현대의 르네상스 맨이라고 생각한다.

모든 공부는 우리 주변에 답이 있다

전 과목을 고루 잘해야만 좋은 대학에 들어갈 수 있는 우리나라 입시 시스템을 많은 사람들이 비난한다. 입시를 치르기 위해 학생의 특성을 무시하고 무조건 모든 과목을 점수화한다는 데는 문제가 있지만, 사실 '팔방미인'이 되면 모든 학과목을 아주 쉽게 할 수 있다는 점에서는 부정적으로만 생각할 필요는 없다. 철학을 이해하는 청소년에게는 고등학교에서 배우는 논리나 대학 입학 수학능력시험은 유치해 보일 정도로 쉬울 것이다. 철학에 대한 완전한 이해는 예술·사회·경제·역사 등에 대한 방대한 지식을 얻는 기초가 되기 때문이다.

한 분야의 공부를 뛰어나게 잘하는 사람은 다른 분야의 기술이나 지식도 남보다 빨리 알아내는 능력을 갖는다. 따라서 공부는 자신에게 쉬운 특정한 과목으로만 한정하지 말고 닥치는 대로 해서 서로 연결되도록 해야 모든 과목의 수준을 높이는 시너지 효과를 낼 수 있다.

세계 최고의 피아노 명품 스타인웨이의 제작자 하인리히 스타인웨이는 음악과 학교 성적의 관계를 조사 연구했다. 그의 연구에 의하면 악기를 배우는 학생들은 IQ 검사에서 뛰어난 언어 논리와 수학적 논리 능력을 보여주었다. 우리나라 부모님들은 자녀가 어렸을 때 웬만하면 집안에 악기를 사두고 배우도록 하는데, 자녀가 흥미를 갖게 할 수만 있다면 이는 매우 좋은 지도 방법이다. 스타인웨이가 연구한 결과, 음악 공부를 하지 않는 학생에 비해 음악 공부를 한 학생의 학교 성적이 전반적으로 높았다고 한다. 그렇다면 하루에 두세 시간씩 공부 시간을 빼앗는 악기 공부가 어떻게 학교 공부에 도움이 되는 걸까?

중세 시대에 음악은 수학의 일부였다. 아직도 작곡을 배우는 사람들은 음악을 수학적으로 익힌다. 즉 악보의 음표들을 보고 건반을 만지면서 소리를 수학적으로 분석하는 능력부터 기르는 것이다. 음표를 음 대신 수학적으로 분석하게 되면 대수에 유능해지고, 그림을 그런 식으로 분석하면 기하학에 유능해진다. 음표는 사실 손가락의 움직임을 통해 어떤 생각이나 느낌을 표현하라는 지시다. 입의 움직임을 통해 생각을 표현하는 언어와 비슷하다. 이러한 언어적 기호를 이해하는 능력은 국어·영어·프랑스어 등 어학을 익히는 기반이 된다. 피아노를 배우는 과정에서 연습과 실기의 호환성, 매일 꾸준히 날마다 주어진 일을 마치는 책임감, 몇 시간씩 한 자리에 앉아 주어진 양의 공부를 할 수 있는 인내심도 기를 수 있다.

물론 음악을 익히면서 앞에 말한 것을 전혀 배우지 못하는 학생들도 많다. 부모님이 무조건 배우라고 해서 배우거나 남이 배우니까 나도 배우는 경우가 바로 그런 예다. 부모님과 선생님들이 학생들에게 '왜', '어떻게'라는 질문을 자유롭게 던지도록 하면 학생들은 자연스럽게 음악을 공부하며 다른 공부를 하는 방법들을 배우게 될 것이다.

'피아노의 건반을 누르면 왜 소리가 날까? 피아노의 오른쪽 페달을 밟으면 왜 소리가 더 크게 들릴까?' 등 피아노라는 기계 하나만 자세히 알려고 들어도 응용수학·물리학 등의 기본을 배울 수 있다. 이처럼 공부는 과목과 과목 간에 밀접한 관계를 맺고 있어 자동차 잡지를 읽건, 인터넷을 즐기건, 소설책을 읽건 간에 당장 학교 공부에 도움이 되지 않는 내용이라도 열심히 읽어두면 결국엔 성적을 올리는 데 반드시 도움을 주게 되어 있다. 따라서 배울 수 있는 것은 무엇이든 다 배워두는 게 좋다. 선진국일수록 학벌보다 넓은 지식과 경험을 더 높이 쳐주는 세상이 되었다. 닥치는 대로 배워두면 광범위한 지식과 경험을 쌓으면서 동시에 학교 공부에도 도움이 되니, 돌 하나로 두 마리의 새를 잡는 격이다.

아리스토텔레스는 '왜?'라는 질문이 모든 인간의 선천적 호기심을 가장 쉽게 표현하는 말이라고 했다. 세계를 관찰하고 지속적인 호기심을 가지면서 '왜?'라고 묻는 것이 과학이며, 과학을 보고 같은 질문을 하는 것이 '현상학'이며, 현상학을 보고 '왜?'라고 또 묻는 것이 '순수철학'이다. 순수철학에 대해 '왜?'라고 묻는 것은 인식론이다. 이처럼 우리들이 공부라고 하는 것은 모두 간단한 현상을 보며 '왜 그럴까?'라는 질문을 하고 대답을 찾아내는 것에서 시작되었다. 모든 공부는 우리 주변의 현상에 그 답이 있다. 시험문제의 모든 답도 그 근본은 우리의 인생 안에 들어 있다.

02

공부,
쉽게 할 수 있다

전략 1 참고서와 노트는 내다버려라

전략 2 해답은 교과서에 있다

전략 3 공부 편식, 고칠 수 있다

전략 4 전문용어를 내 것으로 만들자

참고서와 노트는 내다버려라

실력 있는 학생들은 낙제생과 비슷한 면이 많다. 빈손으로 학교에 오거나 노트 필기를 하지 않고 빈둥거리기 일쑤다. 노트 필기나 참고서 정리에 열을 올리다 보면 정작 수업에는 몰두하기 어렵다. 노트 정리는 간단한 메모로도 충분하다. 수업을 듣는 데 방해될 뿐이라면 노트나 참고서는 내다버리는 편이 낫다.

모범생이 우등생은 아니다

고등학교에 다닐 때 우리 반에 열심히 공부하기로 유명한 두 명의 여학생이 있었다. 유유상종이라는 말이 있듯 두 여학생은 항상 단짝처럼 붙어 다녔다. 학생회장과 부회장도 같이했고, 전교 우등생 모임에서 같이 붙어 다니며 열심히 저학년 학생을 지도하기도 했다. 방과 후에는 학교에 남아 수업 중에 이해되지 않는 부분을 선생님에게 묻곤 했다. 거기다 운동도 잘해 한 명은 학교 대표 여자

농구팀장, 다른 한 명은 배구팀장을 하는 등 어디 한 군데 흠 잡을 데 없는 우등생들이었다. 머리도 꽤 좋은 편에 속했고, 독서도 많이 해 어휘력이 뛰어나며 지식도 풍부했다. 학교에서는 좋은 성적을 유지했고, 선생님들의 사랑을 듬뿍 받는 전형적인 모범생이었다.

대학 진학을 앞둔 졸업반이 되자 모든 학생들은 두 여학생이 과연 어떤 대학에 갈지 몹시 궁금해했다. 그 정도로 고교 생활을 잘했으니 하버드·예일 등 아이비리그 대학에 거뜬히 합격할 것이라고 믿었다. 두 여학생도 마찬가지였다. 둘 다 자신감을 가지고 프린스턴·펜실베이니아·스탠퍼드·미시간 대학 등 명문 대학에 원서를 냈다. 그런데 두 여학생은 대학 입학 허가가 결정되는 4월 중순이 지났는데도 어느 대학에 붙었는지를 일절 밝히지 않았다.

그해 아이비리그 대학은 3만여 명의 지원자 중 1500명만 합격할 정도로 유난히 경쟁이 치열했다. 아이비리그 대학에 지원한 모든 학생들이 거의 만점에 가까운 대학 입학 수학능력시험 점수와 뛰어난 과외 활동 경력을 가지고 있었다고 생각하면 얼마나 치열한 경쟁이었는지 쉽게 짐작할 수 있을 것이다.

미국에서는 대학에 지원할 때 대부분 열 개 정도 비슷한 수준의 대학에 동시에 원서를 낸다. 아이비리그 대학은 동부 명문 사립학교가 아닌 일반 고등학교에서는 한 지역의 고등학교에서 한 명 이상 받지 않는 것을 원칙으로 하는 데다 이들 대학에 원서를 내는 학생들은 대개 성적이 거의 모든 면에서 만점에 가까워 대학에서 어떤 특기를 가진 학생을 합격시킬지 모르기 때문이다. 10여 곳의 대학에 원서를 낸 학생들은 지원 대학 중 두세 군데의 대학에서 합격 통지를 받는다.

우리는 두 여학생이 만약 아이비리그 대학 중 단 한 군데에서도 합격 통지를 받지 못했다면 자존심을 건드리게 될 것 같아 차마 어느 대학에 합격했느냐는 질문조차 하지 못했다. 어느 날 두 여학생은 한 명은 플로리다 대학으로, 또 한 학생은 UCLA로 가게 되었다고 발표했다. 동급생들은 예상을 빗나간 발표에 실망의 한숨을 쉬었다. 알고 보니 두 여학생의 학교 성적은 우리가 예상했던 것보다 낮았다.

또 다른 동급생인 앤디도 하버드 대학에 무난하게 합격할 거라고 믿어온 모범생이었는데, 중간 실력 정도의 학생들이 많이 입학하는 미시간 주립대학에 입학해 주위를 실망시켰다.

반면에 누구도 기대하지 않았던 애런은 하버드 대학에 입학하여 우리 모두를 놀라게 했다. 애런은 감지 않은 듯 푸석푸석한 머리카락에 냄새나는 후줄근한 셔츠를 빨지도 않고 그냥 입고 다니는 괴짜 학생이었다. 수업 시간에 노트나 교과서도 없이 텅 빈 책상에 삐딱하게 앉아 선생님의 설명을 듣는 둥 마는 둥했지만 많은 수학경시대회에서 상을 타서 수학에는 뛰어난 학생으로 알려져 있었다.

그는 밤에는 재즈 바에 다니며 드럼 연습을 하고, 낮에는 아버지의 볼보 승용차를 무서울 정도로 빠른 속도로 몰고 다니다가 친구 집에 놀러가 하루 종일 비디오 게임을 하는 등 학교 공부를 절대 열심히 하지 않는 학생이었다. 애런을 아는 친구들은 그가 하버드 대학에 합격할 거라고는 상상조차 하지 못했다. 졸업식 날에야 애런이 전교 수석임이 밝혀져 친구들은 그제야 애런의 존재를 알아볼 정도였다.

아이비리그 입학의 꿈이 먼지처럼 사라진 친구 중에는 에밀리도 있다. 에밀리는 정말 공부를 열심히 하는 모범생이었다. 에밀리는 수업 시간마다 노트 정리를 하는 데 많은 시간을 보냈다. 에밀리는 선생님의 강의 내용을 항상 너무나 열심히 받아 적었는데, 선생님이 설명을 빨리 하면 천천히 다시 설명해달라는 요구를 해서 다른 학생들의 원성을 사기도 했다. 하루는 에밀리가 도대체 노트에 무엇을 어떻게 적는지 궁금해 한번 보여달라고 했다. 에밀리의 노트는 마치 인쇄된 것처럼 깨끗한 글씨에 요점 앞에 찍는 점까지 신경 써서 그려져 있었다. 참고서에도 선생님이 한 번 이야기한 것은 하이라이트로 표시하고, 옆에는 조그마한 그림까지 그려 정리해놓았다. 그러나 노트 필기의 여왕 에밀리 역시 그다지 높은 성적을 얻지 못해 아이비리그 대학은커녕 미시간 주립대에도 간신히 들어갔다.

노트 정리가 수업을 방해한다

미국 대학생들의 참고서 외우기와 노트 정리에 대한 열성은 고등학생들보다 더 심하다. 선생님들이 재미있는 강의를 할 때도 따라 웃기는커녕 땀을 뻘뻘 흘리며 얼굴을 찌푸린 채 부지런히 팔을 움직이는 학생들을 강의실 여기저기서 쉽게 찾아볼 수 있다. 이런 학생들은 노트에 예쁘게 색칠까지 하려고 수업 중에 연필을 깎는 등 분주하다. 교수들이 농담을 한마디씩 던진 후 학생들에게 "그건 적지 마!"라고 소리칠 정도로 노트 정리에 몰두하는 학생들이 많다.

노트 정리를 열심히 하고 참고서를 많이 보는 학생들의 공통점은 성적이 중상위권에 머문다는 것이다. 앞서 이야기한 에밀리의 경우 고등학교 성적이 우등상장을 받는 B+에서 A− 권에서 머물 뿐 더 이상 올라가지 않았고 대학 입학 수학능력시험에서도 상위 10퍼센트 정도에 드는 학점을 얻었을 뿐이다. 노력에 비하면 결코 좋은 결과라고 말할 수 없다.

학창 시절 내내 올 A 학점을 받거나 대학 수학능력시험에서 만점을 받는 학생은 애런같이 언뜻 보면 공부에 신경 쓰지 않는 것 같아 보이는 학생들이 대부분이다. 공부에 목숨을 건 에밀리 같은 학생들이 보면 미치고 팔짝 뛸 일이 아닐 수 없다.

애런 같은 뛰어난 학생들은 언뜻 보면 낙제생들과 오히려 많은 공통점을 갖는다. 애런은 고등학교에 다니는 동안 내가 서울에서 중학교 다닐 때 못지않게 건방진 태도를 보여 선생님의 미움을 많이 받았다. 한번은 선생님이 애런에게 왜 노트를 안 가져오느냐고 물었다. 애런은 "노트에 적으면서 어떻게 강의를 들어요?"라고 대답했다. 대학에서도 교수들과 실력이 엇비슷해 보일 정도로 실력 있는 학생들은 대개 참고서나 노트 같은 것에 전혀 신경 쓰지 않는다. 거의 빈손으로 학교에 와 꼭 얼핏 보면 학교에 놀러 다니는 사람 같다.

현대 정신학은 애런의 생각이 맞는다는 여러 가지 증거를 제시한다. 뉴욕 대학의 교과서인 《정신학의 기초》에는 학생들이 노트 적는 행위를 트랜스퍼런스(Transference)라는 정신학적 행위라고 설명한다. 다시 말하면 선생님의 강의에 귀를 기울이는 대신, 그 정보를 이용해 집중력을 깨는 다른 행동을 함으로써 강의 듣기를 기피하는 행동을 정당화한다는 것이다. 그러니까 강의의 지겨움을 참을 수 없어 열심히 노트 필기를 하고 참고서에 밑줄을 긋는 행동을 함으로써 강의를 거부하는 자신의 태도를 정당화할 수 있다는 것이다.

사실 정성 들여 깨끗이 정리한 노트도 수업 시간에 무엇을 들었는지 제대로 기억하지 못하면 무용지물일 뿐이다. 쉽게 말해 강의를 제대로 듣지 않고 열심히 노트 정리만 하다 보면 나중에 무엇 때문에 그런 내용을 노트에 적었는지조차 파악하지 못하게 된다.

삐딱한 자세로 앉아 수업을 들어도 수업 중에 엉뚱한 생각만 하지 않으면 강의 내용을 웬만큼 기억할 수 있다. 그러나 단정한 자세로 앉아 노트 정리를 하는 데만 신경쓰다 보면 필기하는 동안 강의 내용을 제대로 들을 수 없어 강의의 전체적인 내용을 파악하지 못하게 된다. 그럼에도 불구하고 노트 필기가 수업을 방해하는 행동이라는 사실을 아는 사람들은 거의 없다, 오히려 노트 정리만 잘해두면 시험 공부할 때 그 노트를 보고 강의 들을 때 이해되지 않았던 내용까지도 파악하게 될 거라는 착각에 빠진다.

공부란 꼬리에 꼬리를 물고 이어지는 것이어서 오늘 들은 강의가 다음 날 강의 내용을 이해하는 기초가 되기 때문에 수업 시간에 선생님의 설명을 그때그때 하나하나 제대로 소화하는 것이 가장 좋은 공부 방법이다. 이러한 가장 기본적인 공부를 방해하는 일은, 노트 정리처럼 지금까지 애용해온 방식일지라도 몽땅 내다 버려야 한다.

공부는 태도가 아닌 효율의 문제다

내가 직접 실험해본 결과, 강의를 들으며 엉뚱한 만화를 그린 수업에서는 낮은 학점을, 노트 정리를 열심히 한 수업에서는 보통 수준의 학점을, 노트 없이 선생님의 설명에만 신경 쓰며 열심히 들은 수업에서는 높은 점수를 받았다. 물론 사람의 기억력에는 한계가 있기 때문에, 중요한 내용을 노트에 적는 것은 중요하다. 하지만 과목마다 커다란 노트를 가지고 다니면서 선생님이 하는 말을 일일이 다 적는 것은 공부를 방해할 뿐이다.

노트는 조그마한 메모 수첩으로 충분하다. 노트 필기를 하는 것은 강의 내용 중 새로운 내용, 교과서에 안 나오는 것, 그리고 관련 분야에 대해 문득 떠오르는 자기만의 생각을 재빨리 그림이나 짧은 단어로 스케치해두는 정도로 끝내는 것이 좋다.

선생님의 강의를 열심히 따라가다가 이해되지 않거나 마음에 들지 않는 부분이 있으면 다른 학생들에게 방해되지 않는 한도 내에서 그때그때 질문해서 풀어나가는 것이 그 과목을 완전히 이해하는 지름길이다. 선생님들은 대개 수업 중, 어떤 것이 시험에 나오는지에 대해 반드시 힌트를 주는데 물론 이런 것은 반드시 메모해두어야 한다. 노트 정리는 꼭 필요한 내용만 간단하게 메모하도록 한계를 분명하게 정해서 하는 것이 좋다.

우리가 사용하는 교과서나 참고서는 우리가 기억해두어야 할 내용의 요점들을 잘 정리해놓은 책이다. 이 책들은 시험 문제 출제자들과 같은 심리를 가진 사람들이 쓴 것들로, 학생이 강의를 들으며 적는 노트보다 훨씬 정리가 잘 되어 있다. 따라서 교과서나 참고서에 적힌 내용을 수고스럽게 다시 노트에 적을 필요는 없다. 차라리 강의를 듣는 데 정신을 집중하는 것이 더 좋은 성적을 거두는 방법이다.

공부를 잘하는 것은 태도의 문제가 아니고 효율의 문제라는 점을 이해하고, 부모님들에게도 이해시킬 필요가 있다. 이소룡이 쓴 무술 책을 보면 다음과 같은 구절이 나온다.

무술에는 두 가지 종류가 있다. 남에게 움직임이 아름답게 보이는 경우와 보기에는 그다지 아름답지 않지만 좋은 성적을 올리는 것이 그것이다. 우리가 강도의 칼 앞에 서 있을 때 어떤 종류의 무술이 더 유용할 것인지는 구태여 설명할 필요가 없다.

학교 성적을 올리는 공부기술과 내가 원하는 지식을 습득하는 공부기술은 방법을 달리해서 해야 얻어진다.

■ 노트는 이렇게 적자

① 노트에는 아주 중요하고 참고서 등에서는 찾을 수 없는 것만 간단하게 적는다. 재미있는 사실이나 새로운 아이디어를 적는다. 시험을 보기 위해 무엇을 알아야 하고, 어떻게 답을 알아낼 것인가 등에 대해 선생님이 힌트를 줄 때는 즉시 적는다.

② 노트에는 글씨의 색을 달리하거나 밑줄을 긋는 등 모양에 신경 쓰지 말라. 밑줄을 칠 정도로 중요한 내용이 아니라면 아예 적을 필요가 없다.

③ 3분 안에 노트를 보고 그 강의의 전체 내용을 다시 떠올릴 만큼 능률적이고 간편하게, 가능한 한 조금만 적는다.

④ 이해하기 힘든 내용일수록 노트에 적지 말고 열심히 듣는다. 노트에 적다가 선생님의 설명을 놓치면 더 큰 혼란에 빠질 수 있다. 이런 부분일수록 신경을 곤두세워 선생님의 설명을 듣는 데 정신을 집중해야만 한다. 설명을 들어야만 이해가 되는 부분은 열심히 듣는 것이 가장 중요하다. 아무리 많은 내용을 노트에 적어도 그 내용을 이해하지 못하면 아무 소용이 없다.

⑤ 참고서는 학교에 들고 가지 말고 귀가 후 집에서 본다. 강의 내용을 요약한 메모는 교과서를 뒤지는 것보다 빨리 원하는 내용을 찾을 수 있도록 정리해서 기억을 되살리는 데 사용해야 효과적으로 활용할 수 있다.

해답은 교과서에 있다

시험 보기 전 밤샘 공부는 독이다. 참고서나 문제집은 내다버려라. 매일 몇 분씩이라도 꾸준히 복습하고 시험 전 교과서를 정독하는 것만으로도 놀라울 정도로 성적이 향상될 것이다.

참고서나 문제집은 시험 공부에 방해만 된다

"알아야 하는 건 다 교과서 속에 있어." 중학교 1학년 때 담임선생님이 종례 시간에 중간고사를 앞둔 우리들을 향해 자를 휘두르며 힘주어 말씀하셨다.

"시험 전날에는 교과서만 공부해." 선생님은 다시 한 번 힘주어 말씀하셨다. 그러나 내 앞자리에 앉은 친구는 선생님의 말씀을 믿지 못하겠다는 듯 고개를 내저었다. 담임선생님의 그러한 훈계가 끝난 후, 집으로 돌아오는 길에 나는 먼지가 자욱한 운동장을 함께 걷던 친구들에게 분식집에 가자고 권했다.

친구들은 이구동성으로 "너는 시험이 내일인데 분식집 가자고 하니?"라고 하면서 못마땅한 표정으로 나를 쳐다보았다.

"시험에 필요한 건 다 여기 들어 있다고 하잖아?" 나는 100페이지 안팎밖에 안 되는 교과서를 친구들의 눈앞에 들이대며 언성을 높였다. "학기말 고사도 아니고 막상 공부할 것은 50페이지밖에 안 되는데 뭘 그래?"

그렇게 큰소리치기는 했지만 사실 나도 집에 돌아가서 문제집을 풀고 참고서 내용을 외울 생각을 하면 눈앞이 캄캄했다. 당시 나는 문제집에서 풀어본 문제가 시험에 고스란히 나온 적도 없는데, 그리고 문제집을 많이 푼다고 실수로 답을 틀리는 습관이 없어지는 것도 아닌데 왜 시험 때만 되면 문제집을 풀어야 하는가 하는 의문을 가졌다. 그리고 참고서는 교과서 내용을 풀이하고 요약해서 정리해놓은 것이라면서 어떻게 교과서에서 20페이지에 설명한 것을 100페이지로 늘려놓는지 불만이 많았다. 하지만 누구나 시험 직전에는 참고서를 외우고 문제집을 풀기 때문에 나도 습관적으로 그렇게 했다.

나는 그 전날까지도 참고서를 많이 읽어서 이날은 더 이상 읽고 싶지 않았다. 그래서 친구들에게 집으로 돌아가기 전에 밖에서 우동이라도 한 그릇 먹고 집에 들어가자고 말한 것인데 보기 좋게

딱지를 맞고 말았다. 나는 체념을 하고 무거운 발걸음을 옮겨 집으로 돌아갔다. 그러고는 교과서에서 시험 범위 안에 있는 내용을 다시 읽었다. 굵은 글씨체에 그림이 많아 단 몇 분 만에 두 번 정도 읽을 수 있었다. 그래도 마음이 놓이지 않아 한 번 더 읽어야겠다고 생각했지만 지겨워서 더 이상 읽을 수 없었다.

'이미 읽어서 빤히 아는데 또 읽으면 뭐해? 정말 공부하기 싫은 날이군. 내일이 시험이라고는 하지만 일단 잠부터 자자.'

그날따라 어머니가 늦게 들어오셨는지 저녁 식사 때도 나를 깨우지 않으셨다. 어머니가 깨우시면 그때 일어나 공부를 조금 더 하려고 했는데 아침 식사를 하라며 부르실 때에야 눈을 비비며 일어나게 되었다.

'이거 큰일인데? 어떡하지?'

어제 교과서를 읽으며 적어놓은 한 페이지가량의 노트가 책상 위에 놓여 있었다. 얼른 집어 들고 식탁으로 나왔다. 밥 먹으면서 노트를 들여다보자, 어머니는 "웬일로 공부야, 시험 봐?" 하며 물으셨다. "네"라고 대강 대답하며 계속 노트를 읽었다.

학교에 가서 시험이 시작되기 전에 다시 한 번 노트를 읽으며 교과서 내용을 되새겼다. '내가 천재도 아니고 시험 전날 한 시간밖에 공부를 안 하다니, 망했다'라고 생각하며 시험지를 집어 들었다. 그런데 신기한 일이 벌어졌다. 마치 해답을 다 알고 있는 것처럼 문제마다 정답이 척척 보이는 것이었다. 그때 중학교 재학 중 가장 높은 성적인 평균 96점을 받았던 것을 지금도 똑똑하게 기억한다. 아무리 열심히 공부를 해도, 그때처럼 정답이 눈앞에 척척 보인 적은 없었다.

그 이유를 알아낸 것은 그로부터 4년이 지난 후 미국에서였다. 고등학교 2학년 때, 신입생들의 한심한 학습 태도를 걱정한 상급 모범생들이 근처의 명문 대학에서 유명한 공부기술 상담 교수들을 초빙해왔다. 이때 초빙된 교수들은 시험 직전에 교과서만 집중해서 보는 것의 중요성에 관한 강의를 했다.

나도 "시험은 평소 실력으로 봐야 한다"라는 말을 들을 때마다 '말로는 쉽지' 하며 한숨을 내쉬는 적이 많았다. 그러나 이 말은 사실이다. 수업 시간 이외에는 공부를 거의 안 하는 학생도 수업만 빼먹지 않으면 최소한 50점은 맞을 수 있다. 다시 말하면 평소 수업 시간에 흘려듣는 설명이 시험 문제의 반 이상에 답할 수 있는 지식을 습득하게 해주는 것이다.

밤샘 공부는 오히려 독이 된다

앞에서 말한 것처럼 노트 필기의 양을 줄이고 선생님의 강의를 열심히 듣는 습관을 들이면 시험공부를 따로 하지 않고도 시험문제의 답을 대부분 맞힐 수 있다. 시험을 코앞에 두고 밤새워 공부해도 시험에 필요한 정보를 모두 얻는 것은 불가능하다. 그보다는 매일 5분씩 꾸준히 공부하는 것이 일주일에 한 번씩 열 시간 몰아서 공부하는 것보다 훨씬 효과적이라고 교육학자들은 말한다. 이러한 사실은 공부뿐 아니라 운동·예술 등에도 적용된다. 지금 미국에서는 현재의 교육 방법을 여기에 맞추어 개혁해야 한다는 움직임이 일고 있다. 매일 3분씩 꾸준히 복습한 것을 시험 직전에 갑자기 따라잡으려면 그 시간을 다 모은 것보다도 몇백 배의 노력이 더 필요하다.

시험을 보기 전에 따로 공부를 하는 목적은 시험을 치르기 직전에 한 학기 동안 배운 내용 모두를 외우려는 것이 아니라 말 그대로 그동안 배웠지만 기억의 저편으로 밀려나 있던 내용을 다시 떠올리기 위한 것이다. 평소 복습을 소홀히 하고 시험 직전에 공부를 열심히 한 학생은 대개 시험을 치를 때 '아차, 선생님이 여기에 대해 설명했었는데 뭐였더라?'거나 '교과서에서 분명히 봤는데 뭐였지?' 하며 알 듯 말 듯한 정답을 찾아내지 못한 경험이 많을 것이다. 이렇게 놓친 문제 하나 차이로 학교에서 석차가 10등, 20등씩 달라지고 대학 입시에서 합격과 불합격으로 갈리게 된다.

이미 말했듯이 시험 보기 직전에 하는 공부는 그동안 배운 내용을 되새김질하며 기억을 다시 한 번 재생하는 데 불과하다. 한꺼번에 기억을 되살리려고 밤잠을 설치며 공부하면 할수록 정답은 더 알쏭달쏭해진다.

성적 향상의 비결 '메모리 조깅'

그렇다면 시험을 잘 보려면 어떤 방법으로 공부하는 것이 효과적일까? 앞에서 설명했듯이 공부를 하기 전에 '시험을 잘 보기 위해 무엇을 알아야 하는가? 알아야 할 정보를 어떻게 찾을 것인가? 찾아낸 정보는 어떤 식으로 외울 것인가?'를 질문하고 평소부터 이에 대한 답을 찾아두어야 한다.

'무엇을 알아야 하는가?'는 수업 시간에 다룬 내용과 교과 내용을 확실하게 알아야 한다는 뜻이다. 수업 시간에 정신 차려 듣고, 선생님이 하는 수업 내용을 그때그때 이해하는 습관을 들인 학생들은 교과서 내용을 웬만큼 소화할 수 있다. 따라서 시험 보기 직전에는 교과서를 한 번 더 훑어봐 어려운 내용을 수업 시간에 어떻게 설명했는지 등을 기억해내는 것이 효과적이다. 물론 교과서에 있는 내용은 너무 빤해서 다 알고 있다는 착각에 빠질 수 있다. 그럼에도 불구하고 교과서를 정독하면 교과서에 있는 내용뿐 아니라 그에 관련된 강의 내용을 머릿속에 어느 정도 떠올릴 수 있다. 만약 물리 시간에 포물선을 공부했다면 과학책에서 포물선 공식을 보는 순간, 물리 시간에 해본 실험, 같은 반 친구가 했던 질문, 그 시간에 푼 문제 등에 대한 기억을 다시 한 번 되살리게 되는 것이다.

학교 공부의 뼈대가 되는 교과서는 강의 내용을 되살릴 수 있는 좋은 역할을 하는데, 이러한 역할을 '메모리 조깅'이라고 한다. 운동선수들이 조깅을 해서 몸을 푼 후에야 격렬한 운동에 들어가듯, 시험을 보기 전에 며칠 동안 조금씩 기억력을 조깅시키면서 시험 보기에 적합한 최상의 컨디션을 만들어주는 것이 좋다.

노트에 너무 많은 내용을 기록하면 교과서 내용을 기억시키기보다 애매한 노트 필기 내용을 해독하는 데 더 많은 신경을 써야 하기 때문에, 다시 강조하지만 노트 필기에는 신경을 너무 많이 쓰지 말라. 노트에는 단지 모르던 것, 기억하기 힘든 것 등만을 정리해 교과서를 읽을 때 이해되지 않는 내용을 알아내는 보충자료로만 활용해야 한다.

대부분의 교육학자들은 시험 보기 직전에 참고서 등을 지나치게 많이 보는 것은 좋지 않다고 주장한다. 사람의 기억력에는 한계가 있기 때문이다. 시험 직전에 너무 많은 정보를 저장하려고 들면 머릿속에서 혼선이 일어나 오히려 아는 것도 잊어버릴 수 있고, 혼돈을 일으킬 수 있다. 웬만한 공부는 집에서 따로 하는 것보다 학교에서 그때그때 하고 집에 돌아온 후에는 그날그날의 수업 내용을 간단하고 빠르게 복습하는 습관을 기르면 시험에 출제될 문제에 대한 정답을 머릿속에 명료하게 저장할 수 있다.

10여 년 전에 겪은 경제위기 이후 우리나라 기업들은 경영 컨설턴트를 통해 국제적인 경쟁력을 기를 수 있는 기업으로 거듭나려는 노력을 하고 있다. 세계적인 명성을 자랑하는 경영 컨설턴트들은 기업의 국제 경쟁력을 높이려면 '신속·간단·효율' 중심으로 기업이 재편되어야 한다고 부르짖으며 엄청난 컨설턴트 비용을 받는다. 내가 만약 공부 컨설턴트를 한다면 공부야말로 '신속·간단·효율'의 3박자를 맞추어야만 좋은 성과를 거둘 수 있다고 말할 것이다.

어떻게 하면 더 짧은 시간에 더 많은 공부를 하는가는 광범위한 지식을 축적해야 하는 청소년기 학생들에게는 앞으로 다가올 인생의 방향을 결정하는 데 있어 가장 중요한 요소가 된다. 따라서 공부를 하기 전에는 항상 어떻게 하면 시간 낭비를 하지 않고 공부할 것인가를 자기 자신에게 물어보아야 한다.

■ 정의

학술적 정의를 제대로 이해하면 교과서에서 어떤 단어의 뜻을 알려고 할 때, 그 뜻을 완전히 이해하고 정확하게 기억하는 데 큰 도움이 된다. 같은 단어도 과목마다 의미를 달리 사용하고 사용방법도 달라진다. 시험에서는 학술적 정의를 사용하는 경우가 많은데, 이러한 학술적 정의를 잘못 해석하면 제대로 답을 맞힐 수 없다. 따라서 교과서에서 정의하는 단어의 뜻은 정확하게 파악하는 것이 좋다. 또 정의는 만드는 과정이 복잡하기 때문에, 왜 그러한 정의가 정해졌는지를 알아내려고 노력하면 거기에 포함된 여러 가지 정보를 더욱 쉽게 파악할 수 있다.

■ 도표

교과서 만드는 사람들은 자신들이 중요하다고 생각하는 요점 중의 요점을 도표로 만든다. 도표를 제대로 이해하고, 도표 안에 있는 문장을 정확하게 기억하면 교과서 전체 내용을 쉽게 이해할 수 있다.

■ 예시

교과서는 대부분 문제나 예시를 통해 이론을 설명한다. 어렵고 복잡한 이론을 다 외우려면 시간이 많이 걸리며 이해하기도 어렵다. 뜬구름 잡는 이야기처럼 들리는 이론을 억지로 이해하려고 애쓰는 것보다 선생님이 수업 중에 풀었던 문제나 예시를 기억하면, 어려운 이론도 쉽게 이해할 수 있다.

공부 편식, 고칠 수 있다

좋아하는 과목과 싫어하는 과목은 사실 같은 뿌리에서 나온 것이다. 모든 학문은 자신과 자신을 둘러싼 세계의 탐험을 목적으로 한다. 이를 이해한다면 전 과목을 자신이 가장 좋아하는 과목으로 만들 수 있다.

더 중요한 과목은 없다

내가 중학교에 다닐 때 어머니와 친구분이 과일을 드시며 대화하는 내용을 우연히 들은 적이 있다.

"우리 딸아이는 국·영·수·과는 잘하는데 나머지 과목을 못해서 걱정이야. 공부 못하는 애들은 대개 주요 과목의 성적이 부진하기 마련인데, 그래도 등수는 똑같이 나오니 속상해 죽겠어."

나는 어머니 친구분의 이 말을 들으며 가슴 한 구석이 뜨끔했다. 나는 어머니 친구분의 딸과 반대로 사회·도덕·국사 등의 과목에서는 높은 점수를 받지만 국어와 수학 때문에 전체 성적을 망치는 케이스였기 때문이다. 어머니 친구분의 주장대로라면 평균 점수가 똑같아도 사회·국사 점수를 못 받고 국어와 수학 점수가 높은 학생이 나보다 공부를 잘한다는 말이 된다. 사실 나는 그 당시 전국 수학 경시 대회에서 금메달을 여러 번 받았고, 독서를 좋아해 국어 점수가 나쁠 이유도 없었지만 공부 방법이 서툴렀는지 시험 점수가 잘 나오지 않았다. 특히 수학은 공부를 하면 할수록 점수가 떨어졌고, 그러다 보니 점점 더 수학 공부를 기피하게 되었다.

다른 어머니들과 달리 내 성적에 느긋하시던 어머니도 안 되겠다고 생각하셨던지 나를 학원에 보내 특별히 수학 공부를 시키셨다. 학원에 등록한 후 점수가 80점대로 회복되기는 했지만, 수학에 대해 갑자기 흥미가 높아지거나 이해가 잘 되어서 점수가 회복된 것은 절대로 아니었다. 나는 수학 점수가 나아진 후에도 미분·적분에 관한 설명을 들으면 마치 격식을 차려야 하는 레스토랑에서 식사할 때 귓전으로 넘어가는 음악처럼 선생님의 말씀이 별다른 의미 없이 오른쪽 귀로 들어갔다가 왼쪽 귀로 다시 빠져나가는 형편이었다. 그런데도 일시적으로 시험 점수가 올라간 것은 학원에서 숙제를 많이 내 여러 종류의 문제를 풀게 돼 기계적으로 답을 맞힐 수 있었기 때문이다.

나는 성적이 올랐지만 마음으로부터는 오히려 수학을 포기하고 있었다. 갈수록 복잡해지기만 하는 수학을 어떻게 따라잡을 수 있을까 암담하기만 했다. 그때 나는 받아온 점수에 비해서 눈물이 빠지도록 열심히 공부했다. 어떻게 하면 수학 점수를 더 올릴 수 있을까 고민하느라 머리가 터질 지경이었다.

이 무렵 나는 유학을 떠나기로 한 어머니를 따라 미국 학교로 전학을 갈 예정이었는데, 미국 학교에서 가르치는 수학은 무척 쉽다는 소문을 믿고 마음을 푹 놓았었다.

"서울대학 떨어지면 하버드 대학으로 간다." 이 말은 미국 학교 공부가 얼마나 쉬운지에 대해 유학생을 둔 우리나라 부모님들이 즐겨 인용하는 말이다. 실제로 이런 말을 믿고 자녀가 미국으로 유학 가면 공부에 대한 모든 문제가 풀리는 것처럼 생각하는 부모님들도 많다.

하지만 전체 응시자의 약 15퍼센트만이 대학에 입학할 수 있고, 대학에 들어가는 수십만 명의 학생 중 2만 명 정도만 아이비리그·뉴욕·스탠퍼드·미시간 등 명문 대학에 입학하는 치열한 경쟁을 거친다는 점에서 결코 우리나라보다 미국의 대학 입시 경쟁이 약하다고 말할 수는 없다. 게다가 미국 대학에는 미국 고등학교 출신만이 응시하는 것이 아니라 전 세계의 수재들이 몰려온다고 생각하면 그 경쟁이 얼마나 치열할지 쉽게 짐작할 수 있을 것이다.

2001년 프린스턴 대학의 경우 3만 2000명의 지원자 중 1700명만 합격했다. 뉴욕 대학의 스턴 비즈니스 스쿨, 쿠퍼 유니언, 파슨스 디자인 아카데미, 줄리아드 음대 등의 경쟁률은 이보다 더 높았다. 스턴 비즈니스 스쿨의 경우 2000학년도 입학시험에서 6500명의 지원자 중 280명만 합격해 25 대 1이 넘는 경쟁률을 보였고, 쿠퍼 유니언은 전 세계에서 몰려온 최고 실력을 갖춘 건축학 전공자를 매년 10명만 뽑는 것으로 유명하다. 이들의 경쟁률은 수치만으로는 표현할 수 없을 정도다.

따라서 미국 고등학교의 공부 내용이 쉽다고 생각하는 것은 큰 오해다. 미국 고등학교는 모든 학생이 같은 수준의 수업을 받는 우리나라와 달리 학년에 관계없이 학생의 실력에 따라 선택할 수 있는 과목별 수준이 5개 이상으로 나뉘어 있다. 학생의 능력에 따라 같은 수준의 공부를 1년 먼저 마칠 수도 있고 늦게 마칠 수도 있다. 즉 상급생들과 하급생들이 실력에 따라 같은 교실에서 공부하는, 학년 순이 아닌 실력 순으로 공부하게 되어 있는 것이다. 물론 영어가 낯선 한국 학생이 처음부터 높은 수준의 공부를 하기는 어렵다. 높은 수준의 강의를 들으려면 학생 자신이 따라갈 수 있음을 바로 아래 수준의 선생님이 인정해주어야 한다. 한국에서 유학 온 학생들은 대부분 가장 낮은 수준의 학급에서 높은 점수를 따내 부모님들이 자녀가 미국에 오니 공부 문제가 쉽게 해결되었다고 착각하게 만드는 것이다.

나는 미국의 대학 입학 수학능력시험을 한국의 대학 입학 수학
능력시험 모의고사와 비교해본 결과 거의 같은 수준일 뿐 아니라,
완전히 유사하다는 것을 알아냈다. 그렇다면 미국에서 대학 가기
가 더 쉽다는 말은 왜 하는가? 미국에는 대학이 많아 웬만한 고등
학교 졸업자는 다 자기 수준에 맞는 대학에 입학할 수 있으며 학
교별 수준을 한국처럼 유난스럽게 따지지 않고 학과별 수준을 중
요시하기 때문이다.

나 역시 미국으로 건너간 직후에는 가장 낮은 수준의 수학 교
실에 배치되었으나 자존심이 강한 탓에 선생님에게 자신 있으니
고급 수학반으로 올려달라고 졸라서 곧 한국에서 공부하던 수준
보다 오히려 더 높은 수준의 학급에 배치받았다. 내가 자초해서
수학 공부에 대한 고통이 다시 이어진 셈이다. 그러나 나는 그로
부터 5년 뒤 고등학교 졸업반에서는 최고 수준의 수학 교실(대학
에서 배우는 수준의 수학 과정을 고등학교에서 미리 마치는 수준이다)에서
A 학점을 받았고, 대학 입학 수학능력시험인 SAT 수리 부문에서
는 800점 만점에 780점을, 아이비리그 대학에서 요구하는 고등수
학능력시험 SAT II 수리 부문에서는 만점을 맞았다. 대학에서는
수학 실력이 가장 중요한 경영학과 학생이 되었고, 수학과 관련된
사업 통계학이나 경영 회계학 등에서는 눈 감고도 최고의 학점을
득점했다. 과연 무엇이 나의 형편없던 수학 실력을 이렇게 바꾸어
놓았을까?

모든 학문은 같은 뿌리에서 나온 가지다

내가 고등학생 때 가장 관심을 가졌던 분야는 철학이다. 철학이라는 말만 들어도 고리타분하다고 생각하는 사람들이 많지만, 나에게는 철학이야말로 정말로 재미있는 학문이다. 그러나 철학은 미국에서도 좋은 대학 들어가는 데는 그야말로 아무짝에도 쓸모없는 과목으로 취급받는다. "철학을 공부해서는 대학의 철학과도 못 들어간다"는 말이 있을 정도다. 사람마다 관심사가 다양하기 때문에 나는 그런 현실적인 문제와 상관없이 철학 공부에 흥미를 느껴 정말로 열심히 철학 공부를 파고들었다.

서양 철학은 데카르트를 빼고선 이야기할 수 없다. 서양의 현존하는 철학자들은 데카르트가 1000년 동안 종교적 열정에 눈 멀었던 사람들의 눈을 뜨게 하는 논리적인 생각을 창시했다고 말한다. 데카르트가 인류 역사에 미친 중요성은 차치하더라도, 그가 내 수학 점수에 미친 영향은 대단했다. 한국에서 미국으로 철학책을 가지고 왔을 리 없는 나는 동네 도서관에서 영어로 된 철학책을 자주 빌려 봤다. 물론 미국에서 태어난 대학생들도 쉽게 이해하지 못하는 데카르트나 헤겔의 책을 고등학생인 내가, 그것도 영어로 보면서 내용을 제대로 이해했을 리 없다.

나는 《먼 나라 이웃 나라》의 작가 이원복 교수가 쓴 만화책 《공산주의 자본주의》를 흥미롭게 읽은 후부터 철학에 관심을 갖게 되었는데, 그때까지도 진짜 두꺼운 철학책을 끝까지 읽어본 적은 없었다. 미국에 온 후 데카르트의 저서 《방법서설》을 빌려 봤다. 당시에는 제목조차 제대로 이해하지 못했다. 원문은 너무 어려워 대학교 2학년 때 다시 읽고서야 비로소 제대로 이해할 수 있었다. 하지만 이 어려운 책을 붙잡고 씨름한 것이 전혀 헛수고는 아니었다. 나는 당시 그 책 뒤에 조그맣게 붙어 있던 〈기하학〉이라는 부록에서 내 수학 공부의 문제점을 찾을 수 있었다.

나는 그 부록을 통해 가로와 세로의 선을 사용해 공식을 2차원 그래프로 표현하는 방법을 대철학자 데카르트가 발명했다는 사실을 알게 되었다. X/Y 함수를 그리는 그래프를 '데카르트의 평면'이라고 부른다는 것도 그때 처음으로 알았다. 나는 그 부록을 보면서 철학자들이 왜 수학에 그렇게 큰 관심을 가지고 있는지 궁금해졌다. 노벨상 수상자인 쿠르트 괴델은 "수학이란 순수논리를 단어의 치장 없이 나타내는 언어"라고 말했다. 다시 말하면 수학은 철학적 생각을 가장 정확하게 표현한 전문 용어다. 데카르트를 읽으며 수학을 더 이상 지겨운 수리와 법칙으로 보지 않고 논리철학의 가장 뛰어난 발명품으로 보는 눈을 갖게 되자 나는 철학과 수학의 호환성이 대단하다는 것을 깨닫게 되었다.

학교에서 공부하는 모든 과목은 이처럼 모두 한 과목에서 파생되었다. 따라서 좋아하는 과목과 싫어하는 과목도 사실은 같은 학문에 뿌리를 두고 있는 것이다. 세계에 대한 경탄을 문학은 문장으로, 과학은 이론과 공식으로 표현할 뿐이다. 그 때문에 독일에서는 아직까지도 모든 과목 명칭 뒤에 '과학'이 붙는다.

유럽에서 말하는 과학이란 '논리를 이용해 관찰과 지식의 선을 잇는 것'이라고 베를린 대학은 정의한다. 따라서 유럽 학교에는 문학 과학, 수 과학, 역사 과학 등 우리에게는 이해하기 어려운 학과목 이름이 많다. 또 프랑스 학교에서는 모든 과목을 철학으로 대접한다. 과학(science)은 지식을 말하는 라틴어 단어 '스키엔티아(scientia)'에서 나왔다. 철학을 말하는 프랑스어 단어 '필로소피(philosophie)'는 사랑이라는 뜻의 '필로스(philos)'와 말의 표현이 가능한 논리적 지식을 뜻하는 '소피아(sophia)'가 결합된 것이다. 흔한 서양 여자 이름인 '소피(Sophie)'는 '지식 있는 여성'이라는 뜻이다.

1800년대 독일의 신학 박사 루드비히 포이어바흐는 사람이 지식을 어떻게 알아내고, 지식들 사이에는 어떤 관계가 있는가를 연구했다. 이러한 연구를 인식론(epistemology)이라고 한다. 우리의 학교 시스템이 의지하고 있는 서양의 인식론은 교육학자들이 흔히 플라톤 인식론이라고 하는 것에 그 바탕을 두고 있다. 플라톤은 모든 공부는 세상의 모든 질문에 답할 수 있는 단 한 가지 해답을 찾는 방법이라고 말했다. 아인슈타인이 물리학의 모든 공식을 하나로 통일할 수 있는 공식을 찾으려고 노력한 것은 물리학 역시 플라톤의 인식론을 바탕으로 만들어졌음을 증명한다.

　중세 종교학자들은 이 플라톤의 완전 진실인 단 하나의 답을 찾는 방법을 신의 의지를 알아내는 가장 좋은 방법으로 믿었다. 이처럼 공부는 신의 의지를 알아내려는 신학에서 시작된 셈인데 신학은 시간이 지남에 따라 다시 7개 과목으로 나뉘었다. 신의 진정한 의미를 알아내기 위해 4개의 과목인 천문학·수학·음악·기하학이 생겨났으며 천문·수리 개념, 소리, 그리고 그림은 어떤 공통적인 질서를 찾아내는 것을 목적으로 했다. 이러한 4개 과목을 통해 얻은 지식을 표현하기 위해 다시 세 개의 과목이 생겨났는데 논리학·문법·변증법 등이 바로 그것이다. 이렇게 탄생된 7개 과목이 재정리되어 오늘날의 학과목들이 된 것이다. 따라서 학교 공부의 모든 과목은 단 하나의 과목에서 파생되었으며 같은 목표를 가지고 있다고 할 수 있다.

　이러한 사실을 이해한다면 내가 가장 싫어하는 과목인 수학을 대하는 태도를 바꾸고 좋은 성적을 거두었듯, 전 과목을 자신이 가장 좋아하는 과목으로 바꾸는 것도 어렵지 않을 것이다.

전문용어를 내 것으로 만들자

각 과목에서 사용되는 전문용어를 제대로 이해하지 못하면 머리가 뛰어난 학생도 좋은 성적을 기대할 수 없다. 매일 조금씩 꾸준히 전문용어를 익히다 보면 어려운 교과서도 쉽고 재미있는 책으로 변할 것이다.

이해를 막는 전문용어의 벽

프랑스어 시간이었다. 독일어나 러시아어에 비하면 간단한 언어가 프랑스어인데도, 선생님이 칠판에 적은 내용은 공부하는 데 별 도움이 되지 않았다. "주절에 내용을 말하지 않거나 가정되어 있지만 표시되지 않았거나, 명백하지 않을 때는 관계사절에 가정법을 사용한다." 이러한 내용이 적힌 보드를 구석 자리에서 걱정스러운 눈으로 보고 있던 학생이 창백한 얼굴을 하고 너무나도 자신

없는 태도로 손을 든다. "이거 시험에 나오나요?"

억양을 들어보니 미국 사람이 아닌 프랑스에서 온 유학생 같았다. 그 학생은 쉽게 학점을 딸 수 있을 것으로 믿고 프랑스어를 선택했을 텐데 프랑스어 교수의 말을 제대로 이해할 수 없었던 것이다. 그 학생은 아마도 '모국어 문법을 제대로 아는 사람은 드물다'는 만고의 법칙(?)을 잘 모르고 프랑스어 과목을 수강하려고 신청한 모양이었다.

내 고등학교 때 친구인 C.C.는 흑인으로 아버지가 변호사고, 누나는 고등학교 재학 중에 내내 뛰어난 성적을 얻어 장학금을 받고 명문 대학에 입학했다. 이 친구 역시 고등학교 1, 2학년 때만 해도 우등생이었다. 고학년으로 올라가면서 조금씩 성적이 떨어지기 시작했지만, 그래도 명문 대학인 미시간 대학에 장학생으로 합격해 친구들과 부모님의 걱정을 덜어주었다.

하지만 그가 그 대학에 합격할 수 있었던 것은 인종 차별 방지 정책 덕분이었다. 그의 고등학교 졸업반 성적은 형편없이 낮았으며, 대학 입학 수학능력시험 성적도 그 학교에 들어간 다른 학생들에 비해 현저히 낮았다. C.C.의 성적 저하는 대학 입학 후에도 계속되어 입학할 때 받기로 했던 장학금 혜택을 빼앗겠다는 경고도 받았고, 지도 교수에게서 퇴학 경고를 받기도 했다.

이 친구는 실용적인 머리가 부족해 한동안 신용카드 빚을 잔뜩 지고 허덕인 적도 있지만, 원래부터 머리가 나쁜 편은 아니었다.

C.C.는 대중소설을 즐겨 읽었지만 언제나 책을 끼고 다니는 좋은 습관을 가지고 있었으며 기억력도 좋은 편이었다. 그런 그의 부진한 성적은 그를 아끼는 사람들의 걱정거리가 되었다.

대학에 다닐 때 방학 중에 미시간 대학에 다니는 형을 만나기 위해 미시간에 있는 형의 집에 갔을 때 C.C.와 애런을 만나게 되었다. 나는 당시 '신인간주의'라는 새로운 철학에 관한 논문을 쓰고 있었는데, 이는 현대 인식론의 비평에 기반을 둔 아주 복잡한 철학이다. 하버드 대학에서 철학을 전공하던 애런과 미시간 대학에 다니던 C.C와 나는 여름방학을 맞아 다시 만난 것을 건배하며 한잔하게 되었다. 술이 한두 잔 들어가자 우리는 철학적 논쟁을 벌이게 되었다. 애런이 나의 새로운 철학인 신인간주의에 대해 많은 궁금증을 가지고 있었기 때문에 나는 두 친구에게 전문용어를 사용하며 흥분되고 빠른 말투로 내용을 요약 설명했다. C.C.는 처음에는 열심히 들었으나, 얼마 지나지 않아 이해가 잘 되지 않는다는 얼굴로 멍하니 앉아 있다가, 음식점 천장에 매달려 있는 텔레비전에 눈을 고정하고는 대화에서 빠지고 말았다.

어려운 전문용어가 머릿속에서 신속하게 이해되지 않는 C.C.는 그 때문에 학교 성적이 부진해진 것이 틀림없어 보였다. 프랑스 여학생이 프랑스어 문법 용어를 이해하지 못해 프랑스어 교실에서 쩔쩔맨 것처럼, 각 과목에서 사용되는 전문용어를 제대로 이해하지 못하면 머리가 좋은 학생도 높은 성적을 기대할 수 없다.

그렇다면 왜 학문에서는 쓸데없이 어려운 용어를 사용하는 걸까?
그리고 어떻게 하면 이처럼 어려운 용어를 이해할 수 있을까?

어려운 전문용어, 왜 사용하나

이유 1 신속하다

말은 사람의 생각을 신속, 정확하게 전달하기 위해 만든 기호다.
각 학과목은 다른 분야를 다루는 만큼 서로 다른 특별한 관념들
을 가장 간단한 말로 설명한다. 이를 위해 생겨난 것이 전문용어
다. 다시 말해 일반 용어로 설명하면 복잡해지기 때문에 자신들
만이 알아들을 수 있는 간단한 말로 바꾼 것이다. 수학 함수인
'$y=2x+1$'을 말로 풀면 얼마나 길고 복잡한 해설이 따라야 하는
지 생각해보라. 형용사라는 간단한 단어를 일반적인 언어로 일일
이 풀어서 설명해야 한다고 생각해보면 전문용어가 얼마나 의사
소통을 쉽게 해주는지 알 수 있을 것이다.

이유 2 정확하다

우리는 하나의 단어를 여러 가지 의미로 사용한다. '힘'이라는 단
어 하나만 봐도 여러 가지 의미로 쓰이는 것을 알 수 있다. '힘 있
다'는 말 한마디로 근육이 발달한 외모를 표현할 수도 있고, 사람

이 힘차게 걷는 모습을 묘사할 수도 있다. 영화 등의 감동에도 힘이라는 말을 사용할 수 있고, 음악가의 표현력에도 힘이라는 단어를 쓸 수 있다. 물론 그 의미는 모두 다르다. 논리적이고 효율적으로 진리를 표현하는 것이 목적인 학문에서 일반 용어를 사용하는 것이 얼마나 비효율적이고 부정확한지 이를 보면 쉽게 짐작할 수 있다. 이런 것을 방지하는 것이 전문용어다. 예를 들어 과학에서 힘이라는 전문용어는 일정한 무게의 물체를 일정한 거리에 옮길 수 있는 것을 가리키는 것으로 제한된다.

어려운 전문용어, 어떻게 해야 익숙해지나

1단계 스스로 쉬운 말로 풀기

나는 처음 피아노를 공부하면서, 선생님께 초보자답지 않게 쇼팽의 〈야상곡〉을 치게 해달라고 고집했다. 부드럽고 센티멘털한 〈야상곡〉을 배워 여학생들 앞에서 연주하며 폼 잡고 싶어서였다. 목적을 인식하는 것이 성공의 시작이라는 말이 있듯, 나는 6개월 동안 연습을 해서 이 곡을 익숙하게 연주할 수 있게 되었다.

그러나 피아노를 제대로 치려면 음표 하나하나를 보며 오른손, 왼손 따로 천천히 수십 번, 수백 번 연습한 후 하나하나 부품을 붙이듯 하여 점점 완성품을 만들어가는 것이 가장 효율적이라고 음악 교육가 윌리엄 뉴먼은 《피아니스트의 골칫거리들》이라는 책에서 밝힌 바 있다. 그런 식으로 곡을 하나하나 익히다 보면 배우는 속도가 점차 빨라져 결국은 악보를 줄줄 읽을 수 있게 되어 원하는 곡을 자유자재로 칠 수 있다. 이때쯤 되면 음악적 전문용어인 악보가 일반 용어처럼 쉽게 읽힌다. 전문용어와 친숙해지려면 자신에게 가장 어려운 과목들을 골라 고등학생이라면 대학, 대학생이라면 대학원 교재를 구해 미리 접해볼 필요가 있다.

이러한 교재는 우리가 일상생활에서 쓰는 용어처럼 전문용어를 매일 생활 속에서 사용하는 사람들이 쓴 것이기 때문에, 전문용어의 의미를 정확하게 파악하는 데 큰 도움이 된다. 물론 학생들은 당장 배우고 있는 교과목의 전문용어를 익히는 것도 어려운데 어떻게 더 어려운 책을 읽느냐고 불만을 터뜨릴지도 모른다. 하지만 한 단계 위의 책을 구해 인내심을 갖고 한 문장씩 전문 사전을 찾아가며 서서히 이해하려고 노력하다 보면 어렵지 않게 그 뜻을 이해할 수 있게 된다. 물론 1000페이지가 넘는 두꺼운 전문 서적을 몽땅 다 읽으라는 말은 아니다.

만약 생물학에 대한 지식이 필요하다면 대중 의학 저널에서 한두 대목을 읽는 것만으로도 충분하다. 이러한 책을 볼 때는 사전을 찾아 머릿속에서 알기 쉬운 말로 풀어 편한 표현으로 노트에 적어야만 더 큰 효과를 볼 수 있다. 영어 공부를 할 때 영어 단어를 한국말로 번역하며 기억하려고 노력하는 것과 같다고 생각하면 된다. 예를 들어보자. '소유와 가격 간에는 비례 관계가 있고, 공급과 가격에는 반비례 관계가 있다'는 사회과학의 복잡한 전문용어도 익숙해지면 '파는 사람이 많으면 값이 떨어지고 사는 사람이 많으면 값이 오른다'는 쉬운 말로 해석되어 바로 머릿속에 떠오를 것이다.

2단계 친숙해지기

여러 가지 전문용어 중에서도 시험 출제자나 교과서 저자들이 특히 즐겨 사용하는 단어가 따로 있다. 그런 단어는 뜻을 정확하게 알아내 그 정의를 한 글자 한 글자 외우자. 그야말로 '아' 다르고 '어' 다른 것이 전문용어다. 정의에 사용되는 한 단어의 의미 차이를 가지고 맞니 그르니 하고 싸우는 것이 학자들의 생리다.

이런 사람들이 출제하는 시험 환경에 익숙해져야 하는 것이 학생들의 운명이다. 이러한 현실의 장벽을 뛰어넘으려면 전문서적이나 교과서에 나오는 단어나 공식적인 단어들은 모조리 외워버리자. 교과서를 들입다 파면서 열심히 하는 것과 비효율적인 외우기식 교육 방법을 비난하는 내가 이처럼 달달 외우는 공부 방법을 좋아할 리 없지만, 전문용어를 이해해두면 학년이 올라갈수록 더 많은 도움을 받기 때문에 이 방법을 권한다.

전문용어에 사용된 어휘를 정확하게 알고, 여러 가지 교과서와 전문서적에 사용된 어려운 학술 문법과 친근해지면, 점차 일반 용어보다 전문용어가 쓰기 편하다는 것을 깨닫게 될 것이다.

3단계 전문용어 사용하기

글짓기, 대학 입학 수학능력시험의 논술 등을 연습할 때, 논문 투의 글을 이용해 거의 전문용어만 사용해 작문해본다. 이렇게 해서 어려운 단어를 자유자재로 사용할 수 있게 되면 어느새 교과서는 재미있는 책으로 변할 것이다. 어려운 단어와 딱딱한 문장도 그 의도를 파악하는 데 방해가 되지 않기 때문이다. 그런 식으로 꾸준히 글을 쓰는 것을 습관화하면 전문용어의 정확성·효율성·신속성을 몸으로 직접 경험하게 된다. 처음부터 어려운 용어로 글을 쓰는 것은 쉽지 않기 때문에 하루에 다섯 줄 씩만 작성하다가 조금씩 늘려 가면 큰 효과를 볼 수 있을 것이다.

위의 1·2·3 단계 중 어떤 단계건 항상 기억해둘 것은 빠짐없이 꾸준히 하루에 3분씩 연습하는 것이 일주일에 열 시간 몰아서 하는 것보다 효과가 크다는 점이다. 사람이 100미터 이상 한꺼번에 질주하는 것은 힘들지만 천천히 꾸준히 걸으면 결과적으로 더 멀리 갈 수 있는 것과 같다.

03

천재의 비밀, 알고 보면 간단하다

지식의 방아쇠를 당겨라

특정 단어를 들으면 기억이 떠오르는 방아쇠 작용을 이용해 교과 내용을 머릿속에 쓸어 넣자. 상상의 연대표를 만들어 가능한 한 많은 정보를 두뇌 공간에 저장해두고 간단한 키워드로 이를 연결하다 보면 어느새 모든 분야의 지식에 통달하게 될 것이다.

천재의 비밀, 포토그래픽 메모리

나의 인생관에 가장 큰 영향을 끼친 사람은 외할아버지다. 외할아버지는 성격이 괴팍해서 어머니는 물론 이모·외삼촌 등 누구도 외할아버지를 제대로 이해하지 못했다. 나이 드신 후에는 술·담배를 지나칠 정도로 즐겨 하시고 결혼한 딸집에 사전에 연락도 하지 않고 쳐들어가 몇 주, 몇 달씩 집 안을 독차지하는 등 기본적인 예의도 지키지 않아 자녀들로부터도 그다지 환영을 받지 못하셨다. 하지만 내가 뉴욕 대학에 다니면서 만나거나 소문으로 들은 세계적으로 공부 잘하기로 유명하다는 뉴욕 대학, 하버드 대학, 예일 대학, MIT 대학, 미시간 대학 등의 교수나 학생 중에서 외할 아버지만큼 뛰어난 공부 능력을 가진 사람은 보지 못했다.

외할아버지는 일제시대 때 일찍 일본으로 유학을 가셨는데, 식민지 출신이라는 이유로 몰매를 맞으면서도 명문 대학을 우등으로 졸업하셨다고 들었다. 서울대를 나온 이모가 남들보다 이른 나이인 29세 때 박사 학위 논문을 쓰고 있을 때 외할아버지는 "까짓 거 서울대 박사 논문, 나한테 가져오면 한 달 만에 쓸 수 있다"고 비아냥거려 부녀 사이가 극도로 나빠지기도 했다. 하지만 나하고는 죽이 잘 맞아 외할아버지는 어린 나에게 어머니 몰래 술을 가르쳐주시며 여러 가지 신기한 이야기를 많이 들려주셨다. 하긴 괴팍한 외할아버지의 이야기를 들어주는 사람이 나밖에 없었는지도 모른다.

어쨌든 나는 초등학교에 입학하기 전부터 외할아버지와 청룡 열차를 탈 수 있는 대공원에 같이 다니면서 논증법과 서양 철학의 기초를 배웠다. 이러는 동안 나는 조선시대 양반처럼 두루마기를 입은 외할아버지와 몹시 친해졌다. 롤러스케이트를 배우고 싶어하는 나에게 외할아버지는 실내에서 롤러스케이트를 신고 타는 법을 직접 보여주기도 하셨는데, 내가 왜 넓은 주차장을 놔두고 좁은 아파트 거실에서 롤러스케이트 타는 방법을 가르치시느냐고 물었더니 "어허, 양반집 자제가, 남들 보는데 상스럽게"라고 사극에 나오는 것 같은 말씀을 하셔서 나를 웃기기도 하셨다.

그런 외할아버지의 지식 용량은 누구도 측정할 수 없을 만큼 넓고 컸다. 외할아버지의 무궁무진한 지식의 주춧돌은 매일 아침에 한 시간씩 소리 내서 읽는 독서였다. 할아버지는 어디를 가시든지 아침 7시가 되면 시계처럼 어김없이 큰 소리를 내며 동서고금의 철학책을 읽으셨다. 책을 너무너무 사랑해 책장을 접지도 않으셨고, 청계천 헌책방에서 버림받은 책 중 표지가 성한 고전을 보면 어김없이 사들이셨다. 마치 버림받은 책들을 모두 보호해야 하는 수호신처럼 행동하셨다.

나는 외할아버지가 한 번 읽은 내용을 빠짐없이 고스란히 기억하는 능력을 갖고 계셨다는 점을 항상 부러워했다. 한 번 읽은 책의 대목을 한 마디 한 마디 사진을 찍은 듯 고스란히 외울 수 있는 완벽한 기억력과 하루도 거르지 않는 규칙적인 독서는 할아버지의 지식을 무시무시한 수준으로 높여주었다. 당시 유행하던 청소년 신문에는 책의 내용을 머리에 쓸어 넣을 수 있는 빗자루에 관한 만화가 나왔는데, 나는 그 만화를 볼 때마다 외할아버지를 떠올리곤 했다.

MIT 대학의 천재 청소부 이야기를 다룬 〈굿 윌 헌팅〉이라는 미국 영화에서 윌 헌팅과 사귀는 하버드 대학 여학생이 묻는다. "포토그래픽 메모리를 가지고 있나요?"

이에 대해 윌 헌팅은 "그냥 많은 것을 기억합니다"라고 대답했는데, 그때 나는 외할아버지가 바로 포토그래픽 메모리를 가진 사람이라고 생각했다.

보통 수준의 지식을 지닌 사람도 누구나 포토그래픽 메모리를 가지고 있다고 말하면 믿을 수 있을까? 한 번 스쳐보기만 해도 그 내용을 하나하나 통째로 기억하는 능력인 포토그래픽 메모리는 인간 정신의 불가사의 중 하나다. 최근 10년 동안 '사람은 어떻게 기억하는가?'에 대한 많은 연구가 있었고 마침내 사람들은 누구나 포토그래픽 메모리를 가지고 있는데 일반인의 두뇌에서는 조그마한 고장을 일으켜 효과를 발휘하지 못하고 있을 뿐임이 밝혀졌다. 정상적인 두뇌를 가진 사람이라면 한 번 본 것을 금세 잊어버리지는 않는다.

사람의 시야 중 두뇌에서 신경 쓰고 제대로 볼 수 있는 지점, 그중에서도 색상을 정확하게 볼 수 있는 지점은 매우 작은 부분에 불과하다. 처음 보는 낯선 곳에 가면 사람들은 저절로 고개를 돌리면서 위·아래·왼쪽·오른쪽을 쉬지 않고 관찰한다. 모르는 사이에 우리의 눈은 굉장히 빠른 속도로 움직인다. 두뇌는 이렇게 관찰한 주변의 환경을 외운다. 레스토랑에 앉아 있을 때 우리의 시각은 단 한 부분만 볼 수 있지만, 레스토랑의 주변 환경을 이미 기억하고 있기 때문에, 시야 전체로 레스토랑을 보고 있다고 착각하게 된다.

반면에 사람이 한 군데만 뚫어지게 바라보면 점점 주변이 흐릿해지는데, 이것은 기억력이 시간에 따라 퇴화하는 것을 눈으로 보여주는 작용이다. 어떤 기계를 써서 인간의 눈을 완전히 고정시킬 수 있다면 진짜 밝은 조그마한 점 하나만 빼고는 주변의 모든 것이 뿌옇게 보일 것이라고 《빛을 보면서》라는 과학책에 쓰여 있다.

컴퓨터에서 영상이 문자에 비해 훨씬 많은 용량을 차지하듯, 사람의 머리도 그림으로 모든 것을 일일이 기억하려면 많은 용량이 필요하기 때문에, 두뇌는 사진처럼 본 것을 그대로 기억하지 않으려는 성질을 가지고 있다. 이것은 포토그래픽 메모리가 있는 사람이나 없는 사람이나 마찬가지다. 마치 인터넷에 자료를 올릴 때 용량이 큰 그림이나 비디오 자료를 압축해서 올리는 것처럼 두뇌는 단기 형상 기억을 장기 기억으로 옮기면서 '스키마'라는 압축기를 만들어낸다. 스키마란 레스토랑의 특징적인 분위기와 빨간 체크무늬 테이블보, 등받이가 굽은 의자 모양이나 유리창의 장식 등 몇 개의 특이한 점만을 기억하는 장치다. 나중에 그때 그 레스토랑이 어떻게 생겼는지를 기억하려고 애쓰면, 두뇌는 이 몇 가지 정보를 토대로 레스토랑의 전체 모양을 재건하게 된다.

기억력은 본 것을 두뇌에 저장하는 스베니르(입력) 기능과 두뇌에 저장된 내용을 다시 빼내 활용하는 라펠레몽(출력) 기능으로 나뉜다고 초기 정신학자들은 주장했다. 자주 쓰지 않는 물건은 될 수 있는 한 부피를 줄여 창고 밑바닥에 넣어두는 것처럼, 쓰지 않는 스키마는 점점 더 작은 용량으로 요점만 남기고 생략되어 머릿속 깊은 곳에 놓이게 된다. 게다가 기억력이란 있는 사실을 똑같이 기록하는 디지털 형식이 아니고, 변형 가능한 아날로그식이기 때문에, 시간이 지나면서 내용이 변질된다. 또한 스키마는 느낌과 요점으로 축소되기 때문에 같은 사안이라도 사람에 따라 기억되는 내용이 완전히 다를 수도 있다.

포토그래픽 메모리 능력을 가진 사람일지라도 내용을 기억으로 저장하는 스베니르 기능은 평범한 사람과 별반 다르지 않다. 하지만 기억된 내용을 꺼내 다시 사용하는 라펠레몽 기능에서는 큰 차이가 난다고 한다. 포토그래픽 메모리 능력을 가진 사람은 기억된 내용이 걸러지지 않고, 기억하고 있는 모든 정보가 일시에 접속된다는 것이다.

심리학자들은 평범한 사람들에게 최면술 등을 이용해 라펠레몽 기능을 강화하면 아주 어렸을 때의 사소한 일까지도 모두 기억해낸다며, 평범한 사람에게도 포토그래픽 메모리 능력이 남아 있다고 설명한다. 하지만 평범한 사람은 특별한 경우 이외에는 어떤 냄새, 글자, 소리에 의해 기억이 재생될 때에만 저장해둔 정보를 다시 꺼낼 수 있다. 따라서 정보를 꺼내는 작용을 강화하면 포토그래픽 메모리와 비슷한 뛰어난 기억력을 가질 수 있다. 심리학자들은 평범한 사람을 대상으로 실험을 했는데, 이를 통해 어떤 사건에 대한 기억을 잠가놓고 특정 단어를 들을 때만 일시적으로 기억이 되살아나는 현상을 찾아냈다. 이것을 '방아쇠 작용(trigger effect)'이라고 부른다.

꼬리에 꼬리를 무는 지식 확장법, '방아쇠 작용'

물론 학생이라면 누구나 교과 내용을 머리에 몽땅 다 쓸어 넣는 빗자루 같은 포토그래픽 메모리를 부러워하겠지만 극히 소수의 사람만이 그러한 능력을 갖고 있다. 그러나 보통 사람들도 포토그래픽 메모리 대신 방아쇠 작용을 적절히 이용함으로써 이전에는 상상하지 못했을 정도로 기억력을 향상시킬 수 있다.

기억력 증진을 효과적으로 공부에 연결하려면 공부에 대한 두려움부터 없애야 한다. 학생이 공부에 대한 두려움을 없애려면 모든 학문은 하나의 목표를 가지고 같은 뿌리에서 탄생했다는 점을 깊이 인식해야 한다. 공부라는 말만 들어도 머리가 아픈 학생이라도 지식이 서로 어떻게 연결되어 있는지를 이해한다면, 하나의 정보가 꼬리를 물며 다음 것으로 이어지면서 쉽게 이해할 수 있을 것이다.

예를 들어 라디오의 클래식 음악 프로그램에서 작곡가 멘델스존의 음악을 들었다고 하자. 음악이 끝나자 아나운서가 "멘델스존의 집안은 유럽 최고의 은행가 집안이었다"라는 멘트를 한다.

이 말을 듣고 멋진 사무실에서 19세기 양복을 입고 작곡을 하는 멘델스존을 상상해볼 수 있다. 만약 19세기 독일 의상에 대한 사전 지식을 가지고 있다면 그에 맞는 복장을 입은 멘델스존을 연상할 수 있을 것이고, 19세기 건축물에 관한 사전 지식이 있다면 그 시대의 은행 건물도 연상할 수 있을 것이다. 또, 멘델스존의 가족 관계를 알고 있다면 멘델스존과 함께 살며 역시 작곡을 했던 누이의 모습을 떠올릴 수 있을 것이다. 거기다가 19세기 여성 패션에 관한 지식을 복습할 수도 있을 것이다.

피아노에 관한 상식을 가진 사람이라면 멘델스존이 치던 영국제 보로드 우드 피아노를 기억할 수 있을 것이며, 피아노 내부에 흥미가 있는 사람이라면 공학자 이그나츠 플라이엘이 발명한 듀블에스카페몽 피아노 시스템과 더불어 건반 악기 역사가 머릿속에 차례로 스치고 지나갈 것이다.

건반 악기의 역사를 알고 있다면 요한 세바스찬 바흐를 떠올리고, 알마드 비르바움이 바흐와 아이작 뉴턴을 비교했다는 것도 쉽게 기억해낼 수 있을 것이다. 뉴턴과 바흐 둘 다 신의 의미를 수학과 음악을 통해 찬양했다는 것을 알면 18세기의 학문과 신학의 관계도, 교회에서 발전한 신학이 어떻게 현재의 대학 제도까지 발전시켜왔는지도 쉽게 연상해낼 수 있을 것이다.

뉴턴이 한 번도 여성과 성관계를 갖지 않고 죽었다는 데에 대해 대단한 자부심을 가졌다는 점을 알면 당시 사람들의 성생활에 대한 철학을 이해하는 것이 어렵지 않을 것이다.

갑자기 물리 시간에 상대성 원리가 기억나지 않을 때 천장에 달린 전구를 보고 그 의미를 떠올릴 수도 있다. 하나의 지식이 꼬리를 물고 서로 연결되기 시작하면 이처럼 무궁무진한 방아쇠 효과를 얻어 주변에 있는 무엇도 방아쇠로 사용할 수 있다.

두뇌의 그래픽 인터페이스, '상상의 연대표'

방아쇠 확장법을 알게 된 다음에는 사람은 곧바로 글을 외울 수 없다는 점을 이용해야 한다. 사람은 소리를 가장 빨리 외우고, 그 다음에 그림을 외운다. 글을 외우는 것은 대부분 소리로 외웠다가 다시 머릿속에 저장된 그림을 글로 전환하는 과정을 거친다. 코미디언이 텔레비전 프로그램에서 한 말이 책의 구절보다 빨리 유행을 타는 이유는 여기에 있다.

그림 한 장에는 무궁무진한 양의 정보를 묻어둘 수 있다는 장점이 있다. 그림보다 머릿속 공간은 더욱 무궁무진하기 때문에 끝나지 않는 정보의 꼬리를 채워나가는 효과적인 방법을 알아야 한다. 가장 좋은 방법은 머릿속에 텅 빈 상상의 연대표를 만들어두는 것이다.

만약 수학 공식을 배웠다면, 누가 그 공식을 만들어냈고, 그 사람은 어떻게 생긴 사람이고, 누구랑 친했으며, 누구에게 영향을 받았는지 등등을 섬세하고 정확한 그림으로 그려나가면 연대표가 쉽게 그려질 것이다. 케플러의 혹성 궤도 공식을 배웠다면 그와 결투를 벌이다가 코가 잘린 수학자 친구가 적색거성을 발견하는 장면까지 영화처럼 연대표의 같은 자리에 넣어둘 수 있을 것이다.

모든 파일을 글씨로 접속해야 하는 도스나 유닉스 시대보다, 그림으로 파일이 어디 있는지와 파일들 사이의 관계를 간단하게 보여주는 매킨토시와 윈도가 성공을 거둔 것은 사람이 도표·그림·아이콘을 글보다 쉽게 이해할 수 있음을 보여준다.

최근 가장 널리 사용되는 윈도 XP는 파일로 저장한 폴더를 클릭하면 서류의 첫 줄이나, 그래픽의 축소 버전을 다시 클릭해서 전체 파일을 간단한 그림으로 볼 수 있게 만들어 컴퓨터 사용을 더욱 쉽게 만들었다.

사람의 머리도 컴퓨터처럼 사용 방법이 있다. 상상의 연대표는 두뇌의 그래픽 인터페이스라고 생각하면 된다.

스트레스를 지배하라

사람의 두뇌는 불안감을 느끼면 이성적·논리적으로 생각하는 능력을 잃어버린다. 과도한 스트레스에 짓눌리다 보면 평소 실력을 발휘하지 못할 수도 있다. 시험은 성공에 이르는 하나의 방법에 불과하다. 시험만 잘 본다고 만사가 다 해결되는 것은 아니라는 배짱을 기르자.

스트레스는 이성과 논리를 잠식한다

토플 시험을 보는 날이었다. 한국에서 온 학생들이 유난히 많이 눈에 띄었다. 미국에 와서 7년 이내에 중·고등학교를 졸업하고 대학에 입학하려면 반드시 토플 시험을 봐야 하는데, 미국에서 오랫동안 공부한 유학생에게 토플은 그다지 어려운 시험이 아니다. 그래서 나도 열다섯 살 때 시험 삼아 토플 시험을 한번 보기로 했다.

내 앞의 오른쪽에 한국에서 유학 온 누나가 앉아 있었다. 나는 그때 대학에 입학하기까지 3년 반이란 시간이 남아 있었기 때문에 토플 시험에 큰 의미를 갖지 않았지만 대학 입학시험의 일부로 토플 시험을 보는 학생들에게는 부담스러웠을 것이다. 그 한국인 누나는 시험문제를 푸는 동안 얼굴이 붉으락푸르락했으며 문제지에 땀을 뚝뚝 떨어뜨리기까지 했다. 마침내 그 누나는 긴장감을 견디지 못하고 연필까지 부러뜨렸다. 그러곤 예비용 연필마저 의자 밑으로 떨어뜨리고는 찾지 못해 팔을 허우적거리며 어쩔 줄 몰라 했다. 시험 감독관이 연필 한 자루를 건네주자 다시 긴장된 얼굴로 시험문제를 읽고 또 읽었다. 그럼에도 불구하고 그 누나는 종료 시간까지 문제를 다 풀지 못했다.

고등학교 동창 중에도 대학 입학 수학능력시험을 볼 때 땀을 뻘뻘 흘린 애들이 몇 명 있었다. 그중에는 공부를 아주 잘하는 여학생도 한 명 있었는데, 학교에서 시험을 볼 때는 그런 모습을 본 적이 없었다. 그러나 대학 입학 수학능력시험을 볼 때는 시험이 시작되기도 전에 재빨리 시험지에 이름을 적고 시험관이 시작하라는 신호를 보내기 전부터 연필의 뒤쪽을 너무 많이 깨물어 지우개를 쓸 수 없게 만들어버렸을 정도였다. 그 여학생은 시험이 시작되자마자 허둥대며 문제지를 펼치다가 표지를 찢고 말았다. 고등수학에서도 항상 높은 학점을 받던 이 여학생은 대학 입학 수학능력시험에서 중간 정도의 성적을 받아 친구들과 선생님을 놀라게 했지만 가까이에서 그녀의 시험 보는 태도를 지켜본 나는 그다지 놀라지 않았다.

그 여학생처럼 시험 보기 전에 심한 스트레스를 받는 학생이 있는가 하면 시험이 끝날 때 스트레스를 받는 학생도 있다. 내 단짝 친구와 가까이 지내던 중간 정도의 성적을 내던 한 여학생은 침착하게 시험을 잘 보고 있다가 시험관이 "10분 남았습니다"라고 말하자 갑자기 당황하면서 얼굴이 얼어버렸다. 허둥대면서 다시 시험지를 들여다보았으나, 문제가 제대로 풀리지 않는 듯했다. 그녀는 시험이 끝나자 울먹이며 당황해서 그 10분 동안 문제를 하나도 풀지 못했다고 말했다.

시험은 하나의 단계에 지나지 않는다

스트레스는 명석한 판단력과 바른 행동을 가로막는다. 하버드 대학 교수 대니얼 골먼 박사는 맹수가 덮칠 때 무조건 도망가지 않고 '어떻게 대처해야 하지?'라는 생각부터 하면 분명히 잡아먹히게 된다고 말했다. 그는 사람의 두뇌는 불안감을 느끼면 이성적이고 논리적으로 생각하는 능력을 잃어버리는 장치를 가지고 있다고 했다. 그는 이것을 '전투 도망 준비자세'라고 불렀다.

불안감을 조성하는 뇌 호르몬은 아드레날린이다. 기억력과 논리적 사고를 조성하는 것을 코르텍스라고 부르는데, 이것은 하이포 텔레무스라는 기관을 통해 행동 선택을 주관하는 프레-프론탈 로브에게 지시를 내린다. 호랑이를 만나는 것 같은 비상사태가 발생하면 뇌 호르몬 아드레날린은 하이포 텔레무스의 기능을 완전히 차단하여 프레-프론탈 로브의 감성적 선택 능력을 코르텍스의 이성적 판단력과 독립시켜 직감적으로 위험을 피하도록 하는 안전핀 역할을 한다. 다시 말하면, 불안감이 조성되면 아무것도 기억할 수 없고 또 기억을 한다 해도 이것을 시험문제에 끼워 맞출 수 있는 능력으로 복구할 수 없다.

정도의 차이는 있지만 시험을 앞둔 학생들은 누구나 불안감을 느낀다. 실패하면 어떻게 하나 하는 불안감도 위험하지만, 이러한 불안감을 완전히 무시하는 것도 위험하다. 연극배우, 개그맨, 음악 연주가들은 언제든지 단 한 번의 실수로 공들여 쌓아온 경력이 단숨에 쓸모없어질 수 있는 고도의 스트레스를 받는 상황에서 일을 한다. 그러나 뛰어난 실력자들은 실수를 하더라도 그 자리에서 자연스럽게 땜질을 해 남들이 알아차리지 못하게 하면서 넘어간다.

10여 년 전부터 미국의 연예인들 사이에 '알렉산드르 테크닉'이라는 것이 유행하고 있다. 이것은 호흡을 조절하고 몸의 힘을 빼 스트레스를 줄이는 방법이다. 몸에서 힘을 빼서 건강을 지키는 중국 무술 태극권과 비슷하다. 이 방법이 각광받는 것은 스트레스 조절이 가능하기 때문이다. 미국 대학으로 전 세계 인재들이 몰려들면서 미국 학생들의 대학 입시가 어려워져 시험 스트레스 극복을 도와주는 상담실이 늘어나고 있다. 시험에 불안감을 느끼지 않는 학생이라도 좀 더 안정된 자세로 시험을 보면 성적을 높일 수 있다. 인간 활동은 어떤 것이나 다 마찬가지다. 운동에서는 유연하고 힘을 뺀 자세가 최상의 결과를 가져오듯, 스트레스를 지배하고 느긋한 자세로 시험을 보면 훨씬 더 높은 성적을 거둘 수 있다.

그러나 시험 점수가 인생에 미치는 영향을 정확히 분석할 수 있는 능력이 더 중요하다. 겉보기에는 시험을 잘 치르는 사람에게만 혜택이 돌아가는 세상처럼 보이지만 실제로 자신의 꿈을 이루는 데는 여러 가지 방법이 있다. 시험은 그중 한 가지 경로에 불과하며, 시험을 잘 보지 못하는 것은 그중 단 하나의 걸림돌에 지나지 않는다. 물론 시험을 잘 보면 자신의 꿈을 조금 더 쉽게 이룰 수 있지만, 시험만 잘 본다고 해서 만사가 다 해결되는 것은 아니라는 배짱을 기르는 것이 좋다. 시험 점수에만 매달리지 말고 자기 능력에 맞게 묵묵히 열심히 공부하다 보면 원하는 점수를 얻기도 쉽다. 원하는 점수를 얻지 못하더라도 다른 방법으로 성공을 추구할 수 있을 것이다.

■ 시험 전날에는 푹 잔다.

시험 전날 늦게 자거나 밤을 새는 것은 미친 짓이다. 잠이 부족한 머리는 피곤할 때 발생하는 온갖 나쁜 호르몬으로 가득 차게 된다. 또 몸은 피곤하고 지친 것에 대응하기 위해 카페인 등 스트레스 호르몬을 분출한다. 잠이 부족한 머리는 속도나 유연성도 떨어진다. 또한 사람의 집중력에는 한계가 있어 밤새 죽어라 공부해도 한 시간가량 열심히 공부한 정도의 효과밖에 볼 수 없다. 시험 전에는 무엇보다도 최상의 컨디션을 유지해야 한다. 마음이 두뇌고, 두뇌도 결국은 몸의 일부이기 때문이다.

■ 아침밥을 꼭 먹는다.

시험 보는 날 아침 식사로는 단백질이 적고 탄수화물이 많은 음식을 먹는 것이 좋다. 가능하면 시험 전날에도 그렇게 먹자. 사람은 불안하면 속이 울렁거리는데, 이럴 때 고기·생선 등 단백질이 많은 음식을 먹으면 소화가 잘 안 된다. 커피도 마찬가지다. 카페인은 불안감을 조성하는 호르몬의 일종이므로, 아드레날린과 섞이면 불안감을 더욱 고조시킨다. 하지만 늘 커피를 마시다가 갑자기 마시지 않으면 집중력이 떨어지므로, 큰 시험을 치르기 한 달 전쯤 커피는 끊는 것이 좋다.

■ 준비물을 철저히 챙긴다.

필기도구는 충분히 준비하자. 잘못해서 연필이나 지우개가 책상 아래로 떨어져 빌려야 하는 경우가 생기면 당황하거나 시간을 잃게 되므로 보조용 도구들은 손닿는 곳에서 준비해두는 것이 좋다. 옷은 언제든지 벗을 수 있도록 얇은 옷을 여러 겹 겹쳐 입자. 몸의 컨디션에 따라 옷의 양을 쉽게 조절할 수 있을 것이다.

■ 가벼운 운동을 한다.

중요한 시험을 앞두면 1주일 전부터 아침마다 몸 풀기 운동을

10분 정도씩 해두자. 운동하는 몸은 하지 않는 몸보다 근육이 유연하다. 스트레스를 받으면 근육이 쉽게 굳기 때문에, 시험을 보는 중에도 5분에 한 번쯤 양쪽으로 목을 돌리고 양쪽으로 팔을 벌리는 동작을 반복하면 긴장을 풀 수 있다.

■ 실제 상황처럼 연습한다.

스트레스는 대부분 익숙하지 않은 상황에서 나타난다. 평소 공부할 때 되도록 시험 상황과 똑같은 분위기를 만들고 시간을 재며 모의고사 문제를 푸는 훈련을 하면 큰 도움이 된다.

■ 시간 관리를 철저히 한다.

시험을 보러 갈 때는 반드시 시계를 차고 간다. 시계는 잘 보이는 곳에 놓고 중간중간에 체크하면서 시간이 얼마나 남았는지를 항상 관찰할 수 있어야 한다.

■ 쉬운 문제부터 푼다.

어려운 문제는 일단 지나간다. 어려운 문제에 너무 많은 시간을 쓰다 보면 시간이 모자라 쉬운 문제를 못 풀 수도 있다. 어려운 문제로 되돌아갈 때도 그중 가장 쉬운 문제부터 풀어나가는 것이 좋다.

■ 현실을 인정한다.

시험에는 변수가 많다. 열심히 공부한 문제도 안 나올 수도 있고, 딱 한 가지 공부했는데 모두 맞힐 수도 있다. 모르는 문제가 있다고 해서 실망할 필요는 없다. 아무리 공부를 잘하는 학생에게도 모르는 문제는 있을 수 있다. 출제자와 생각하는 것이 다르면 아주 쉬운 문제도 이해되지 않을 수도 있다. 이러한 현실을 인정하면 모르는 문제를 보고 당황하지 않게 될 것이다.

찍는 것도 기술이다

객관식 시험의 경우, 찍기 기술을 익히면 상당히 정확하게 정답을 찾아낼 수 있다. 수업을 신경써서 듣고, 그때그때 복습을 하고, 시험 전에 충분한 휴식을 취한다면 애매한 문제를 만나도 어느 게 정답인지 찾아내는 감을 쉽게 기를 수 있다.

답안지를 공백으로 두느니 차라리 찍어라

'어떻게 이처럼 어려운 문제를 냈을까?' 그동안 숙제도 꾸준히 해 가고 시험 점수도 잘 받아온 과목인데 예상을 뒤엎고 풀기 힘든 문제가 출제되었다. 선생님이 이번 시험에는 간단하게 다섯 문제만 낸다고 말씀하셨을 때 학생들은 너무나 좋아했는데, 시험이 끝난 후에는 웃는 학생이 아무도 없었다. 주관식 문제는 어느 정도 풀었지만 오지선다형 문제는 아무리 봐도 답을 찾기 어려워 눈앞이 캄

캄할 뿐이다. 등골이 오싹해지고 시곗바늘 가는 소리만 커다랗게 들려온다. "진정해야지" 하면서 심호흡을 해본다. 연필을 책상 위에 놓고 허리를 똑바로 세우고 앉아서 조금씩 몸을 움직인다.

몇 가지 다른 방법으로 문제를 풀어본다. 선생님의 성격이 고약해서 응용한 방법으로 찾을 수 있는 답만을 골라 문제를 출제했는지, 정석과 다른 방법으로 풀 때 나올 수 있는 세 가지 다른 답을 끼워넣고 정답을 고르라는 오지선다형 문제가 나온 것이다. 이럴 때는 답안지를 공백으로 남겨두는 것보다는 찍는 것이 낫다. 답은 세 개 중 하나가 틀림없으니까 맞힐 확률은 3분의 1이나 된다. 처음 풀어서 나온 답을 찍었다. 결국 그것이 정답이었다.

연세대에 재학하던 중 뉴욕 대학에 1년 프로그램으로 와 있는 형이 있었다. 뉴욕 대학의 비즈니스 스쿨은 당시 세계 8위를 차지했는데, 연세대 상대는 세계 순위 100위에도 들어가지 못한다며 뉴욕 대학 비즈니스 스쿨에 다니는 한국 유학생들이 그 형을 놀리곤 했다. 그러자 그 형은 만약 유학생들이 한국의 대학 입학 수학능력시험을 봤다면 절대로 한국의 명문 대학에 입학하지 못했을 거라며 으르렁거렸다. 나는 한국에서 중학교까지 다녔기 때문에 그 형을 다른 형들처럼 놀리지 못했지만, 호기심이 발동해서 "형, 수능 모의고사 문제지 있으면 한번 보여주세요"라고 말했다.

자존심이 상한 이 형은 미국에 있는 한국 서점을 다 뒤지고도 대학 입학 수학능력시험 모의고사 문제지를 찾지 못하자 비싼 우편료를 내고 인터넷으로 주문까지 했다. 옆에서 그 형이 시간을 재고, 나는 대학 입학 수학능력시험 모의고사를 풀었다. 시험이 끝난 후 나는 "미국 수능이랑 똑같은데, 뭐"라며 그 형에게 답안지를 건네주었다. 나는 한두 문제만 빼고는 다 맞혔다. 깜짝 놀란 형이 "아니, 한국에서 배우지 않은 건 어떻게 답을 썼어?" 하고 물었다. 나는 웃으며 정직하게 말했다. "찍었어."

대학 입학 수학능력시험처럼 IQ시험 유형의 시험 출제가 점차 늘어나고 있다. 이러한 시험에서는 찍기 기술이 매우 중요하다. 우리나라 부모님들은 자녀들이 모두 만점을 받아오기를 기대한다. 97점을 받아와도 칭찬은커녕 어떤 문제를, 왜 틀렸는지부터 확인한다는 미국 코미디언의 농담이 인기를 끌 정도다.

찍는 것도 과학이다

우리나라에도 미국식 시험 제도가 수입되고 문제 수가 많아지면서 점점 만점 받기가 불가능해지고 있다. 아무리 부모님이나 선생님들이 들볶는다 해도 신이 될 수는 없는 노릇이다. 만능 박사로 보이는 학생들도 가끔은 눈앞이 깜깜해 답을 틀릴 수 있다. 그래서 미국에서 가장 큰 입시 학원인 캐플런 시험 준비 센터는 학생들에게 찍기의 과학을 가르친다. 찍기에는 두 가지 유형이 있다.

문제를 제대로 이해하지 못해 대책이 없는 경우

이 경우에는 두 가지를 생각할 필요가 있다.

첫째, 찍을 것인지 공백으로 놔둘 것인지를 고민하라.

시험 보기 전에 점수 매기는 법칙을 정확하게 알아두기 위해 시험문제를 꼼꼼히 살펴보아야 한다. 어떤 시험은, 문제를 맞히면 1점씩 주는가 하면 한 문제를 틀릴 때마다 4분의 1점씩 감점하기도 한다. 만약 시험이 오지선다형이라면 다섯 번 찍을 때마다 평균 1점이 득점되고 1점이 감점되기 때문에 찍지 않는 것이 좋다. 만약 사지선다형이라면 평균 5번 찍을 때마다 1점이 득점되고 4분의 3점이 감점될 확률이므로 찍는 것이 좋다. 또 시험 제도에 상관없이 시험문제가 300개라면 한 5개쯤 풀지 않고 공백으로 놔두어도 되지만, 시험문제가 25개라면 하나라도 더 맞히는 것이 중요하므로 한 문제도 공백으로 놔두지 않는 것이 좋다.

둘째, 눈에 익은 단어를 골라라.

시험에 대한 준비가 어느 정도 된 학생들은 그 과목의 특성을 알고 교과서 등을 복습함으로써 선생님들이 어떤 것을 중요시하는지에 대한 감을 기를 수 있다. 따라서 답을 잘 모르는 문제라도 처음 눈길을 끄는 것이 정답일 가능성이 높다. 아예 그 과목과 상관없거나 문법도 맞지 않고 시험문제의 주제와 연결되지 않는 답은 십중팔구 정답이 아니기 때문에 지워버리자. 그렇게 하면 정답일 가능성이 있는 선택 항을 두 개 정도로 좁힐 수 있을 것이다.

틀린 답은 대부분 전문용어가 잘못 사용되거나 보통 사람들이 사용하는 용어로 구성된 경우가 많다. 정답은 대부분 문법이 정확하고 간결한 전문용어를 사용하며 꼭 필요한 형식으로 쓰인다. 다시 말하면 "선생님이 과연 이런 말을 사용할까?"라고 자문해보면 아주 깜깜하던 문제도 해답을 찾을 수 있을 것이다.

문제가 불확실하거나 여러 개의 정답이 보이는 경우

이런 경우에는 답을 먼저 읽고 문제를 나중에 읽는다. 수학이나 물리학같이 문제를 여러 가지 방법으로 풀 수 있는 경우에는 다른 공식으로 풀어보면 정답을 쉽게 찾을 수 있다. 사회나 문학의 경우에는 정답을 거꾸로 읽고 어떤 답이 더 입에 익숙하게 읽히는가를 본다.

"모든 문제는 원하는 답에서 그 방향을 찾는다"라는 하이데거의 말처럼, 출제자들은 대부분 문제를 내기 전에 정답을 먼저 생각한다. 따라서 문제부터 읽고 정답을 찾으면 혼동되기 마련이다. 만약에 정답이 많아 보이면 답을 하나 읽고 문제를 읽는 방법으로 각 답의 문항을 되풀이해 문제와 함께 읽어보면서 '이 답에서 이 문제가 나올 수 있을까?'라고 거꾸로 질문해보면 찍기가 쉬워진다.

중학교나 고등학교 저학년 때는 전혀 모르는 문제도 찍기 기술만 익히면 상당히 정확하게 정답을 찾아낼 수 있다. 대학 입학 수학능력시험이나 토플같이 기본 학습 능력을 재는 시험에서도 찍기 기술은 매우 유용하다. 그러나 고등학교 상급생, 그리고 대학생들에게 찍기 기술은 거의 쓸모가 없다. 고등학문에서는 논리적 사고와 학과에 대한 기본 지식이 없으면 문제마저 외국말로 쓴 것처럼 이해하기 어렵기 때문이다. 수준이 높아질수록 주관식 시험의 의존도가 높아지는 이유가 여기에 있다.

찍기는 지식과 큰 관계가 없는 중·고등학교 시험 제도에서 버텨나가기 위한 대비책에 불과하다. 객관식 시험은 강의를 신경 써서 듣고, 그때그때 복습을 하고, 시험 전에 충분한 휴식을 취한 학생이라면 애매한 문제를 만나도 어떤 답이 정답인지를 찾아낼 수 있는 감을 쉽게 기를 수 있다.

정답을 찾는 감과 찍기 능력과 논리적으로 생각하는 힘이 합쳐지면, 눈앞이 깜깜한 어려운 문제도 60퍼센트 정도는 찍기로 맞힐 수 있고, 이것은 대학 합격과 불합격을 결정짓는 중요한 요인으로 작용한다.

시험 출제자의 마음을 읽자

아무리 까다로운 시험문제라도 출제 의도가 있다. 학생들을 골탕 먹이려고 시험문제를 내는 선생님은 없다. 출제자의 마음을 읽고 출제자의 눈으로 시험문제를 읽는다면 쉽게 정답을 찾아낼 수 있다.

틀리기를 바라며 시험문제를 내는 선생님은 없다

채점된 수학 시험지를 돌려받던 날, 내 옆에 앉아 있던 친구가 너무나도 화가 난다는 표정을 지었다. 시험문제의 정답을 선생님이 하나하나 설명하자 기가 막힌다는 표정으로 한숨과 신음 소리를 번갈아가면서 냈다. 이번 시험이 특별히 어렵기는 했다. 학급 평균 점수가 70점일 정도였다. 100점을 받은 학생이 두 명 있기는 했지만 두 번째로 높은 점수가 83점일 정도로 어려운 시험이어서 낮은 점수를 받았다고 그렇게 실망할 상황은 아니었다. 하지만 재학 시절 내내 90점 이상만 받은 우등생들만 모인 반이어서 그런지 자기 시험 점수가 70점대로 내려갔다는 사실을 도무지 용납할 수 없다는 표정들이었다.

이때 출제된 문제 중 하나는 교과서에 나온 대로 내지 않고 교과서에 나온 내용을 한 군데만 응용하고 나머지는 상식적인 논리로 푸는 문제였다. 그리 어려운 문제는 아니었지만, 시험공부만 하고 강의를 제대로 듣지 않으면 백 번 죽었다 깨어나도 풀 수 없는 문제였다. 거기다가 계산 방법이 약간 복잡해서 우수한 학생들만 모인 학급 전체에서도 이 문제에 제대로 답한 학생은 단 두 명밖에 없었다.

이 시험이 끝난 며칠 후 선생님은 학생들에게 기말고사를 준비하기 위한 특별 복습 시간을 갖는다고 말했다. 수업을 마친 선생님은 "일단 시험에 나올 만한 문제들은 여기에 정리해놨으니 열심히 복습하세요" 하며 10장 정도 자기 손으로 직접 쓴 문제를 복사한 내용을 나누어주었다.

"또 어렵고 이상한 문제가 나올 텐데, 우리가 뭐 몰라서 틀리나?" 내 옆에 앉아 있는 학생은 이렇게 투덜거리며 선생님이 나누어준 복사지를 읽어보지도 않고 가방에 쑤셔 넣었다.

"공부해도 다 소용없어, 제길." 그 학생은 이렇게 투덜거렸지만 복습 시간에는 정확하게 시간 맞춰 나타났다. 복습 시간에 선생님이 주관식 문제를 만들어줘 풀고 있는데, 문제의 그 학생이 손을 번쩍 들고 질문했다. "기말고사 시험에도 이대로 출제됩니까?"

선생님은 기가 막힌다는 표정으로 그 학생을 내려보다가, "뭐 그런 식으로 나옵니다" 하고 대답하면서 의미 있는 미소를 지었다. 그리고 갑자기 목소리의 톤을 바꾸어 "중요한 것은 개념을 이해하고 자유자재로 그 개념들을 섞어서 사용할 수 있어야 한다는 겁니다. 그렇게 할 수 없으면 시험공부가 무슨 소용입니까?"라고 말하면서 문제를 계속해서 풀어나갔다. 그러자 그 학생은 화를 벌컥 내면서 "그게 아니라 마치 일부러 틀리라는 식으로 시험문제를 출제하니까 그런 거 아닙니까?" 하면서 노골적으로 못마땅한 표정을 지었다. "생각을 안 하고 문제부터 풀려고 마구 달려드니까 결과가 나빠지는 것이지 문제가 뭐 그리 복잡합니까?" 선생님은 당연하다는 듯 반박했다. 이 학생은 '따지나 마나야' 하는 표정으로 한숨을 내쉬고 눈동자를 한번 빙글 돌리더니 그냥 자리에 앉아버렸다.

어떤 선생님도 학생들이 답을 틀리기만을 바라며 시험문제를 출제하지는 않는다. 문제를 출제하고 점수를 매기는 것은 사실 보통 일이 아니다. 특히 대학 입학 수학능력시험처럼 국가 전체의 장래와 관련된 시험은 한 번 치르려면 부정을 예방하고 공정한 점수를 매기기 위해 수천수만 명의 노력이 요구될 정도로 치밀한 군사작전과 다를 바 없는 어렵고 힘든 일이다. 부정을 방지하는 한편 학생들의 수학 능력을 제대로 측정하기 위한 끊임없는 노력의 결정체가 되지 않으면 시험의 의미가 퇴색하기 때문에 시험을 주관하는 사람들은 어떤 시험에서건 최선의 노력을 기울이게 마련이다.

목적이 없는 시험은 없다

모든 시험에는 시험을 치르는 목적이 있다. 학교에서 보는 중간고사나 기말고사는 학생이 그 학기에 배워야 되는 기본적인 지식을 제대로 습득했는지 알아보는 목적을 갖는다. 수업 시간 중간에 갑자기 내는 시험은 학생들이 그날의 수업 내용을 제대로 이해하고 있는지 점검하는 목적을 갖는다. 토플 시험은 외국인 학생이 미국 대학에 입학해 공부할 수 있을 만큼 기본적인 영어 실력이 있는지 알아보는 데 목적이 있고, 대학 수학능력시험은 학생이 대학 교육을 받는 데 꼭 필요한 어휘력과 판단력, 논리적 사고력을 갖췄는지 알아보는 데 그 목적이 있다. 다시 말하면 시험 점수는 시험을 출제하는 기관이 그 목적에 부합하는 학생 정보를 알아보게 하는 역할을 한다.

요즘에는 시험의 비정확성과 비효율성이 교육학자들의 연구

초점이 되고 있다. IQ 검사가 사람의 두뇌 성능을 정확하게 알아낼 수 없다는 발표가 있은 후, 대학 입학 수학능력시험이 학생의 학습 능력을 제대로 파악해낼 수 있는가를 두고 교육계가 뜨겁게 달구어졌다. 그 때문에 시험 제도는 매우 빠르게 나날이 새로운 모습으로 바뀌고 있다.

대학 입시 제도가 수시로 바뀌면서 지금의 수학능력시험으로 정착된 한국의 대입 시험 제도도 그 발전의 시작이지 완성이라고 볼 수는 없을 것이다. 이처럼 출제자들에게는 시험을 치르는 학생들에게보다 더 중요한 과제가 부과된다. 어떻게 하면 학생들의 현재 지식의 정도를 제대로 측정해 다음 단계 공부의 방향을 정할 것인지에 초점을 맞추어야 하기 때문에 시험 출제자들은 항상 시험의 목적을 제대로 달성할 수 있는 더욱 효율적인 방법을 찾으려고 노력한다. '이 시험에서는 학생의 어떤 지적 능력을 측정할 것인가?'라는 질문은 정답, 문제 유형, 그리고 문제의 형식을 좌우하는 주요 요인이 된다.

따라서 학생은 시험 공부할 때 출제자들의 입장에서 문제를 바라보아야 능률적으로 시험공부를 할 수 있다. 만약에 학생이 얼마나 영어 단어를 많이 알고 있는지를 알아보는 어휘 시험에 대비해야 한다면 재미로 독서를 할 때도 어려운 영어 단어가 나오면 반드시 노트에 적고 매일 저녁 이것을 외우는 것을 적어도 하루에 3~4분은 반복적으로 해둘 필요가 있다.

시험공부를 하기 전 해야 할 세 가지 질문

첫째, 누가 시험문제를 출제하는가?

담임선생님이 학급 학생들을 대상으로 내는 시험, 전교생을 대상으로 하는 기말고사 같은 정규 시험, 시 단위의 지역에서 내는 시험, 교육부에서 전국의 학생들을 대상으로 내는 시험 등 시험은 그 종류에 따라 각각 다른 목적과 기능을 갖는다. 시험을 보기 전에는 반드시 출제하는 사람이나 단체 등이 전에 낸 시험문제나, 비슷한 목적으로 낸 다른 문제지를 입수해 미리 풀어보는 것이 좋다. 이것은 출제자에 따른 시험문제 스타일과 친숙해지는 가장 좋은 방법이다.

둘째, 시험문제를 내는 목적이 무엇인가?

이 기관은 시험을 통해 학생의 어떤 점을 측정하려고 하는가? 논리적 사고력과 어휘력을 측정해야 하는 대학 입학 수학능력시험을 준비하는 학생이라면 비평적인 독서, 논쟁을 계속해 이에 대한 능력을 향상시킬 필요가 있다. 시험에 대비해 갑자기 공부해서 성적을 올리는 데는 한계가 있으며 기본 성적은 평소의 학습 능력이 그대로 반영된다는 점을 기억하라.

셋째, 어떻게 시험 준비를 할 것인가?

간단하게 치르는 모의고사 등을 제외한 대학 입학 수학능력시험 같은 중요한 시험은 일찍 준비할수록 유리하다. 대학 입학 수학능력시험이 측정하려는 어휘력이나 논리적 사고력은 하루아침에 길러지는 것이 아니고 적어도 1~2년 이상 매사를 논리적인 눈으로 보는 훈련을 해야 향상시킬 수 있다. 대개의 경우 고등학교에 입학한 뒤 본 첫 번째와 두 번째 시험에서 받은 점수가 더 이상 달라지지 않고 고정된다. 그다음에 기적적으로 점수가 높아지는 것은 꾸준한 노력이 뒤따라야 가능한 일이다.

시험문제를 출제하는 기관이 시험 준비를 돕기 위해 만드는 책자를 소홀히 여기지 말고 미리미리 꼼꼼하게 검토하면서 무엇을 공부해야 하는지에 대한 도표와 어디서 정보를 찾을 것인지에 대한 도표를 작성해둔다. 일단 도표가 작성되면, 6개월간의 공부 계획을 세운다. 적어도 1년 이상 장기적인 시험 준비를 하는 학생은 이런 식으로 준비해두는 것이 효과적이다.

아무리 어려운 시험도 6개월, 1년 동안 쉬지 않고 꾸준히 규칙적으로 준비하면 하루에 15분에서 1시간 정도씩만 투자하고도 상당히 높은 점수를 받을 수 있다. 정신이 집중되지 않는데 하루 종일 책만 붙들고 앉아 있으면 안심이라고 생각하는 모범생들보다 더 높은 점수를 받을 수 있는 것이다.

여기서 학생들은 시험 준비를 할 때마다 각 단계에서 '왜' '어떻게'라는 질문을 던져보고 그에 대해 하루하루 실천할 수 있는 계획을 세우는 것이 중요하다. 벤처 투자가 제리 코로나가 "아이디어 그 자체만으로는 하나도 가치가 없다"고 말했듯이 공부한다고 책만 붙들고 앉아서 시간 낭비하는 것보다 하루에 15분씩 벽돌 쌓듯이 하나하나 꾸준히 공부하다 보면 자기도 모르는 사이에 우등생이 되어 있을 것이다.

**6개월
계획표의
예**

■ 첫째 달

관련 분야 서적을 찾아 독서하기 10분, 전문용어가 많은 책 독서
하기 10분, 어휘 외우기 10분

■ 둘째 달

독서, 어휘+모의고사를 통해 자신의 약한 부분을 진단하기, 하루
에 20분씩 독서하며 자신이 약한 부분을 어떻게 보충할 것인지
독서 리스트 교체

■ 셋째 달

독서, 어휘 과정+시험과 똑같은 모형으로 되어 있는 모의고사 문
제지를 시간을 재면서 일주일에 하나씩 풀기+시험관들이 사용하
는 용어와 말투로 한두 문장씩 일주일에 세 번 일기처럼 노트에
쓰기

■ 넷째 달

첫째 달 과정+모의고사 풀 때 각 부분마다 10분씩 시간이 남게
풀기+작문

■ 다섯째 달

독서, 어휘+작문+지난 3년 동안 배운 교과서와 노트의 요점을
훑어보며 지식에 구멍이 있는지 점검하기, 모든 것을 이해했는지
에 대한 확인+문제집을 하루에 20분씩 아주 빠른 속도로 풀기
(한 문제 푸는 데 5초 이하로 시간 줄이기 훈련 계속)

■ 여섯째 달

운동+영양 보충+모의고사 풀이를 주어진 시간의 절반 안에 끝내
기+스트레스 조절 방안 실천하기

공부기술 따라하기

주워들은 지식을 이용하라

주워들은 지식은 공부해서 얻는 지식보다 질적으로도 우수하다. 공부를 잘하고 싶다면 눈에 띄는 건 뭐든지 읽는 습관을 길러라. 그것이 만화든 광고 문구든 팸플릿이든 간에 닥치는 대로 읽다 보면 학교에서 요구하는 것 이상의 방대한 지식을 얻게 될 것이다.

주워들은 지식이 공부해 얻는 지식보다 우수하다

뉴욕 대학 도서관은 어려운 공부에 대한 부담으로 학생들이 자살하는 것을 방지하기 위해 난간을 위에서 내려다보면 십자가 모양이 나타나는 철근을 사용했다는 소문이 있다. 이곳에서 모국어가 아닌 외국어인 영어로 공부하는 한국 유학생들은 원형 탈모증이 생길 정도로 공부에 시달리는 것이 사실이다. 우리나라 말은 누구나 다 쉽게 배울 수 있지만, 영어로 공부를 하려면 뛰어나게 공부를 잘하는 학생들도 산처럼 높은 장애물을 건너뛰어야 한다. 그런데 모국어가 아닌 영어로 수업을 받아보면 여기저기서 주워들어 알게 된 지식이 정규 교육에서 얻은 지식보다 얼마나 유용한지 몸으로 느낄 수 있다.

한국말을 자유자재로 쓰는 우리나라 고등학교 졸업자의 경우 대부분 5000개 단어 정도는 안다. 대학을 졸업하면 8000개 단어 정도, 박사 학위를 받으면 1만 2000개 단어 정도는 능숙하게 사용할 수 있다. 거기다가 자신도 모르게 국어 문법에 능통해지며 언제 문법을 지켜야 하고 안 지켜도 되는지 정도는 저절로 알게 된다. 언어의 아주 미묘한 뉘앙스도 자연스럽게 알게 되며, 교육받지 않은 사람들도 언제든지 머릿속에서 제대로 된 문장을 만들어낼 수 있다.

내 경우, 영어를 공부할 때는 하루에 5~6시간씩 문법책을 읽고, 어휘 암기, 어려운 영어 소설 번역 등으로 시간을 보내 SAT II 영어 부문에서 만점을 받았다. 그러나 한국말을 배우기 위해서는 단 한 번도 이런 식으로 공부해본 적이 없다. 사실 학교에서 강제로 시킨 일기 쓰기 외에 일부러 한국말을 공부해본 경험은 전혀 없다. 주워들은 것들이 많아서다. 외국어 공부를 해보면 자연스럽게 여기서 하나, 저기서 하나 주워듣는 것이 억지로 공부하는 것보다 얼마나 큰 능률을 올리는지를 쉽게 알 수 있다.

프랑스어 공부를 하면서 느낀 것인데, 내가 기억하는 프랑스어 중 가장 인상적으로 머릿속에 남아 있는 단어들은, 지나가다가 본 레스토랑 간판, 프랑스 향수, 패션 제조업의 광고 문구에 사용된 단어들이었다. 다시 말하면 공부의 범위를 벗어나 일상생활에서 접한 단어들이었다.

역사에서도 가장 기억에 남는 역사적 사실은 박물관의 팸플릿에 나오는 역사적 배경 설명이나, 편한 자세로 텔레비전을 통해 본 사극 따위를 통해서 알게 된 내용들이다. 아주 재미있는 형식으로 구성된 다큐멘터리, 친구들과 슬쩍 지나가며 한두 번 주고받은 이야기, 심지어 만화책에 나오는 간단한 내용이 책상 앞에서 공부한답시고 달달 외워 알게 된 것보다 훨씬 더 머리에 잘 들어온다.

내가 초등학교 졸업반일 때 《에어리어 88》이라는 만화책이 유행했는데, 각종 전투기와 미사일에 대한 설명이 조그마한 상자 안에 들어 있었다. 나는 현대 전쟁의 역사를 공부할 때나 여러 가지 무기가 나오는 비디오를 보면, 그때 만화를 통해 각종 무기들의 기능을 알아두었기 때문에 그 내용이 더 흥미로워지는 것을 느낀다. 주변 사람들에게 만물박사로 알려져 있는 어린이들은 대부분 호기심이 뛰어나고 질문을 많이 한다. 질문에 제대로 답변을 해주는 사람이 옆에 있으면 이 사람, 저 사람의 대답을 주워 모아 이것을 엄청난 기본 지식으로 만들 수 있다.

주워들은 지식은 공부해서 얻는 지식보다 질적으로도 우수하다. 한국인이라면 한국말은 자유자재로 사용하고 속언이나 방언까지 섞어 쓰며, 사투리도 즉석에서 따라할 수 있지만, 힘들여 공부한 외국어로는 겨우 의사소통이나 할 수 있어 주워들은 지식을 확장시키는 데 한계를 만든다. 유학생활이 어려운 이유는 여기에 있다. 주워들은 지식은 관련 있는 공부를 할 때 쉽게 연결되고 본능적으로 즉각 응용할 수도 있다. 교육학자들이 '지적 탄력'이라고 부르는 이 뛰어난 응용력과 속도는 대학 입학 수학능력시험이 측정하고자 하는 논리적 분석력의 기반이 된다.

눈에 띄는 건 뭐든지 읽어라

이렇듯 평상시 습득한 지식이 학과 공부를 통해 공들여 얻은 지식보다 뛰어난 이유는 정신학에서 그 근거를 찾을 수 있다. 사람이 지식을 습득하면 그것을 이해할 때까지 상당한 시간이 필요하다. 미국의 교육학자들은 이것을 '흡수 시간(Duration of Assimilation)'이라 부른다. 이 흡수 시간은 상당히 길며, 사람마다 정해진 속도 이상으로는 흡수할 수 없다. 이것은 깔때기에 물을 붓는 것과 같다고 생각하면 되는데, 들어가는 속도가 한정되어 있기 때문에 깔때기의 넓은 부분이 수용할 수 있는 양을 넘으면 아무리 많은 물을 부어도 넘치기만 할 뿐 그릇에 담을 수 없는 것과 같은 이치다.

또 물이 깔때기를 통과하는 속도보다 물을 붓는 속도가 빠르면 통과하는 양 이상의 것은 다 낭비되어버린다. 그러나 여기저기서 주워들은 지식은 수도꼭지의 물이 한 방울 한 방울 깔때기에 지속적으로 떨어지는 것처럼 천천히, 그러나 확실하게 모두 다 병으로 들어가 채워지는 것과 같다. 그러니까 공부를 잘하고 싶으면 무조건 읽어라. 만화책이건 잡지건, 대중소설이건, 학술지건 안내 팸플릿이건 상관없다. 여러 분야에 관련된 지식을 여러 사람의 눈을 통해 경험하는 것은 중요한 일이다.

현대 문화는 읽기를 싫어하는 문화다. 새로 산 컴퓨터나 텔레비전을 설치하면서 설명서조차 거들떠보지 않는 사람들이 많다. 하지만 지금부터라도 간판도 읽고, 만화도 그림만 보지 말고 그림 아래 조그마하게 써놓은 내용에 이르기까지 끝까지 읽는 습관을 길러라. 박물관이나 연극을 보러 가면 반드시 프로그램 팸플릿을 읽어라. 뭐든지 읽는 습관만 길러두면 학교 공부에서 필요로 하는 것 이상의 방대한 지식을 얻을 수 있다. 이러한 지식적 기반은 공부기술을 가장 효율적으로 적용할 수 있는 영양분이 된다.

모델을 정해 벤치마킹하라

벤치마킹은 원하는 목표에 다다를 수 있는 가장 확실한 방법이다. 닮고 싶은 모델을 정한 뒤 그의 학습 방법을 하나하나 따라하며 자신에게 맞게 조금씩 수정하자. 이때 매일매일의 변화를 기록하고 주기적으로 분석하는 과정은 매우 중요하다.

우물 안 개구리는 높이 뛰지 못한다

우리 친척 중에 가난한 집에서 태어났지만 열심히 공부해서 서울대를 졸업한 아저씨가 있다. 대기업에 취직도 했고 회사에 다니면서 석·박사 학위도 받았다. 아저씨는 잡지에 글도 실리고, 이것저것 아는 것도 많으며, 말도 잘해 처음 만난 사람들도 금세 호감을 표시하곤 했다. 이 아저씨는 1999년 인터넷 사업 붐과 함께 국제 사업가들과 투자자들의 인정을 받아 벤처 투자가로 명성을 쌓았다.

　최초의 직업 투자가인 JP모건은 "올라갈 때가 있으면 내려갈 때가 있다"라는 말을 했다. 모건은 생기다 만 것 같은 짤막하고 둥근 얼굴 때문에 '월가의 작은 악마'로 불렸다. 결코 호감을 주는 외모라고는 할 수 없는 사람이지만, 어쨌든 모건은 국채가 너무 많아 부도 직전까지 간 미국 정부를 구해낼 만큼 대단한 수완을 가져 엄청난 부와 명성을 쌓았다. 우리 친척 아저씨는 모건의 법칙을 몰랐던지 벤처 시장이 급상승할 때는 대단한 성과를 보였지만 벤처 시장이 침체되자 무리한 투자로 투자자들의 원성을 사 그동안 벌어둔 돈을 몽땅 잃고 실업자가 되어버렸다. 그러나 이 침체기 이후 우리나라는 중국과 동남아시아에 진출하면서 다시 한번 아시아의 경제 강국으로 떠오르게 된다. '네 마리의 사자 중 하나가 아직도 뛰어오르다'라고 미국의 경제 잡지에 기사가 실릴 정도로 경제위기는 크게 완화되었지만 우리 아저씨를 포함한 많은 벤처 투자가들은 여전히 명확한 계획과 조직력 없이 투자자들의 주변만 맴돌고 있다.

　아저씨는 대학을 졸업한 지 한참 지난 지금도 서울대 졸업장과 박사 학위에 연연하여 새로운 직장을 얻지 못하고 방황하고 있다. 투자 은행가들은 거의 모두 세계적인 명문 대학에서 경영학 석사나 박사 학위를 받은 사람이어서, 그 아저씨 정도의 학벌로는 경쟁력이 없지만 아저씨는 한 번 반짝 이루어낸 성과에 도취되어 오만한 태도를 고치지 않아 주변 사람들을 안타깝게 했다. 나는 이 아저씨가 국제적인 안목을 가진 외국 투자가들을 벤치마킹한다면 좋은 기회가 주어질 텐데 싶어 안타까울 때가 많다.

나의 친구 중 시골 초등학교에서 1등만 도맡아 하던 학생이 있다. 지금은 많이 개발됐지만 그 당시만 해도 목동이 소 몰고 논밭 둑길로 지나다니던 시골이어서 한 학년에 학생이 보통 15명 안팎이었다. 그는 어머니가 서울에서 사 나른 각종 책을 읽어서인지 같은 동네 다른 학생들에 비해 공부를 잘했다. 마을 사람들은 그 친구를 일컬어 만능 박사다, 천재다 하고 칭송했는데, 시골 오지에서 서울에서 가져온 책이라도 몇 권 읽어본 사람은 그 친구밖에 없었기 때문이었다. 하지만 그는 나중에 서울에 있는 대학 입시에서는 모두 떨어지고 그 지역에 새로 생긴 대학에 입학했다.

우리는 다른 사람에게 '우물 안의 개구리'라는 말을 즐겨 쓴다. 그러면서 자신은 외국 여행이라도 한 번 하고 돌아오면 마치 국제 문제 전문가라도 된 것처럼 으스대며 잘난 척한다. 일찍이 이러한 경향을 깨달은 나는 '우물 안의 개구리'라는 말을 나 자신에게 늘 환기시키고 있다.

어려서 주변에 신동으로 알려진 학생들이 자라면서 학교 성적이 부진해지는 이유는 무엇일까? 어릴 때는 경쟁 대상이 한정되어 있다. 자녀의 성적에 민감한 우리나라 학부모들은 자녀가 반에서 1등을 하면 마치 천재를 낳은 것처럼 기뻐한다. 그러나 자녀의 실력이 높을수록 더욱 치열한 경쟁을 거쳐야 하며, 국제화 시대인 현대 사회의 진정한 실력자는 세계 최고의 실력자들과 실력을 겨뤄 이겨야 한다. 어려서 주변으로부터 재능을 추켜세우는 말을 듣다 보면 점차 치열해지는 경쟁 세계를 모르는 채 만족감에 도취되어버리기 쉽다.

뛰어난 재능을 가진 사람은 그 재능을 적극 계발해야 한다. 세계적인 수준에서 성공하고 꾸준히 명성을 떨치는 사람은 모든 분야를 다 합해도 수백만 명에 한 명꼴밖에 안 된다. 학교 성적이 전교 1등이라고 해봤자 기껏 자기가 다니는 학교 전체 학생 3000~4000명 중에서 최고밖에 안 되는 것이다. 그런 학생이 서울대학에 입학한다면 중간 이하의 실력밖에는 되지 않을 수도 있다. 그 학생을 세계적인 명문 하이델베르크 대학생과 비교하면 꼴찌 수준도 되지 않을 수 있다. 수준이 높아질수록 이러한 치열한 경쟁을 거쳐야 하기 때문에 거의 모든 학생들이 자신이 계획한 수준에 도달하지 못하고 만다. 그 때문에 처음부터 목표를 높게 잡는 것이 좋다. '하늘을 목표로 하고 구름에 닿은 것을 기뻐하라'라는 미국 속담이 있다. 나는 시험을 본 뒤 100점을 맞고 오만해질 때면 '걷는 놈 위에 뛰는 놈 있고, 뛰는 놈 위에 나는 놈 있다'고 하시던 어머니의 말씀을 떠올린다.

사실은 전교 1등보다 전교 10등이 훨씬 더 뛰어날 수 있다. 전교 1등은 자기의 학교 수준에 완전히 적응이 되어 있지만 전교

10등은 전국이나 세계 레벨에서 경쟁할 수 있는 지적 탄력과 탄
탄한 사고력을 갖기 쉬워 한 학교, 한 사회 안에서 한정된 실력
에 안주하지 않고 그보다 한 단계 위 수준으로 올라가기 위해 노
력할 수 있기 때문이다.

손쉬운 성공의 비결, 벤치마킹

그러나 자신을 큰물로 옮길 수 없는 우리 아저씨 같은 사람이 어
떻게 보이지 않는 수준 높은 경쟁자들을 의식할 수 있겠는가? 사
람들은 누구나 자신의 능력을 실제보다 높여 보는 버릇이 있어 구
체적인 모델 없이는 그렇게 하기가 힘들다. 그래서 사업하는 사람
들은 벤치마킹이라는 테크닉을 개발해냈다. 벤치마킹이란 자신과
같은 업종의 기업 중 세계 최고인 기업 몇 개를 골라 효율성과 수
익성에 점수를 매겨 그와 같은 수준으로 가려고 노력하는 것을 목
표로 삼는 것을 말한다, 비록 세계 최고와 동등해질 수 없을지라
도 끊임없이 연구와 개발을 하며 점수를 올리다 보면 시간이 흐른
후 큰 성과로 나타날 것이다.

기업가들은 벤치마킹을 통해 세계 최상급 기업들의 새로운 경
영 방법이나 기계 설비 등을 모방하기도 한다. 뉴욕 증권가의 유
명한 벤처 투자가인 콜로나는 빈손에서 시작하여 벤처 산업을 통

해 수조 원급의 투자를 주선해 막대한 돈을 벌었다. 그 후 인터넷 주가 폭락 때 체이스 은행에서 쫓겨나기까지 했지만 다시 수조 달러 규모의 투자은행을 차려 재기에 성공해 지금까지 벤처 투자가로 명성을 날리고 있다. 우리 친척 아저씨가 콜로나 같은 사람을 꾸준히 벤치마킹했다면 실업자로 전락해 불행한 나날을 보내지 않아도 되었을 것이다.

시골 초등학교 출신의 내 친구 역시 서울에서 공부하는 뛰어난 학생을 찾아 자신과 비교하면서 더욱 열심히 공부했다면 시골 학교가 아닌 서울 시내의 명문 대학에 합격했을지도 모른다. 서울 강남의 고등학교에서 뛰어난 성적을 거둔 학생도, 미국이나 프랑스, 독일에서 명문대에 진학하려면 일곱 살 때 라틴어와 프랑스어를 능숙하게 사용할 정도의 실력을 갖춰야 한다는 사실을 알아야 한다.

공부를 잘하려면 기업가들처럼 내가 되고 싶은 사람을 벤치마킹해보라. 그가 했던 학습 방법대로 한 단계 한 단계 자기 실력의 수준을 높이면 높은 단계에서 성공하는 지름길을 쉽게 찾을 수 있다. 만약 동급생들 중에서 가장 성적이 뛰어나다면 선생님을 뛰어넘어보려고 노력하라. 우리나라 고등학교 선생님 중에 서울대 출신이 드물다는 점을 감안할 때 서울대에 입학하기 위해서는 담당 선생님보다 지적 수준이 훨씬 뛰어나야 한다.

하늘을 목표로 하고 구름에 닿은 것을 기뻐하라

목표는 항상 자기보다 한 단계 위의 사람에게 맞추어놓아야만 성공할 수 있다. 전교에서 중간 정도의 성적을 내는 학생이 갑자기 공부를 열심히 한다고 해서 하루아침에 전교 1등을 할 수는 없다. 70점 수준에서 맴도는 학생은 80점 수준의 학생을 벤치마킹해 그들의 학습 방식이나 일과에 대해 조사하고 모방하는 것이 좋으며, 80점대에 도달하면 다시 90점으로, 90점에서 만점으로 한 단계씩 올려야만 효과를 거둘 수 있다.

밧줄도 없이 절벽을 단번에 기어오르려 해서는 안 된다. 한 발자국씩 계단으로 올라가는 것처럼 실현 가능한 계획을 단계별로 1년, 3년, 5년 등의 기간으로 나누어 정해서 '오늘 정해진 목표를 달성하기 위해 무슨 일을 했는가?' 하고 자문하고 기록하는 습관을 들이는 것이 좋다. 이러한 습관을 기르기 위해 노트에 하루하루 무엇을 하고 지냈는지 기록하는 것은 매우 중요하다. 시작한 지 2개월 후쯤 다시 검토하고 자신의 계획이 제대로 실천되지 않았다면, 무엇이 잘못되었으며 그 잘못을 어떻게 바로잡을 것인지를 검토해 이미 세워둔 계획을 보완한다. 하루 일과의 꼼꼼한 기록과 두 달에 한 번씩 전체적인 계획을 검토하는 작업은 지금 추구하고 있는 학습 방식과 벤치마킹 대상이 자신에게 적합한지 알아볼 수 있는 아주 중요한 과정이다. 성적을 올리거나 시험 기술을 익히는 일은 그다지 힘들지 않지만 규칙과 시간을 지키는 것은 어렵다는 사실을 기억하고 인내심을 가지고 매일매일 조금씩 실천하는 습관을 기르자.

벤치마킹의 좋은 점은 혼자서는 이룩하기 어려운 목표에 쉽게 도달할 수 있도록 도와준다는 데 있다. 시골에서 나고 자라 가까이에 서울대학에 다니는 사람이 없다면 범위를 넓혀 더 먼 친척이나 친지 중 서울대학을 나온 사람이 있는지 알아보고, 정 안 되면 서울대학에 직접 편지를 보내 자세히 알아보면 어렵지 않게 벤치마킹할 만한 사람을 찾을 수 있다. 공부를 할 때도 기업을 경영할 때처럼 성공한 사람들이 자신의 목표를 달성한 방법을 알아내고 모방하는 것이 중요하다.

만약 점수가 어느 수준 이상으로는 절대 올라가지 않으면, 자신보다 점수가 높은 학생을 찾아내 그의 생활 방식 중 어떤 습관이 나와 다른가부터 알아내자. 만약 나는 아침 8시에 일어나 허겁지겁 학교에 가는데, 그 학생은 6시에 일어나 독서를 하고 느긋하게 학교에 간다면 그 친구의 태도를 모방해본 후 무엇 때문에 그 학생과 나의 성적에 차이가 나는지를 면밀하게 살펴보자. 아침에 일찍 일어나는 것이 비결이 아니라면, 다른 태도를 바꾼다. 이러한 실험을 반복함으로써 그 학생이 나보다 좋은 성적을 거두는 원인을 찾아내야 한다.

공부하는 방법은 매우 개인적인 것이기 때문에, 남의 비결을 무조건 따라한다고 해서 효과가 커지는 것은 아니다. 따라서 남의 습관을 그대로 따라하라는 것이 아니다. 아무리 뛰어난 사람도 혼자 숲 속에 들어앉아 인간에게 필요한 모든 발명품을 만들어낼 수는 없다. 다른 사람이 발명한 물건들을 사용해보다가 불편하면 조금씩 고쳐 가장 편리한 발명품이 되는 것이다. 공부기술도 처음부터 스스로 계발하는 것보다 다른 사람에게 효과적인 방법을 모방하는 것이 빠르다.

모든 신기술이 개개인에게 다 필요하지 않듯, 주변에 있는 우등생들의 공부 방식을 그대로 모방한다고 해서 다 자기 것이 되는 것은 아니다. 각종 기술 제품 중 나에게 맞는 것을 따로따로 구입해 나에게 가장 편리한 환경을 만들듯, 자기 성격에 맞는 학습 방법만을 모방해, 최종적으로는 나만의 것을 만들어내야 벤치마킹의 효과를 거둘 수 있다.

벤치마킹은 아직까지는 원하는 목표에 다다를 수 있는 가장 확실한 방법으로 알려져 있으며, 이 방식을 믿고 세계적인 대기업들이 수조 원씩 서슴지 않고 투자하고 있다. 성공을 원하는 학생들은 나보다 실력 있는 학생들을 벤치마킹해볼 필요가 있다.

생각하는 기술을 익혀라

생각하는 기술을 높이는 것은 공부를 잘할 수 있는 기초 작업이며 공부의 목적이다. 매사 생각부터 하고 행동에 옮기는 습관을 기르면 폭넓은 지식을 가질 수 있으며, 텔레비전 뉴스를 통해 슬쩍 본 사건 하나도 자기도 모르는 사이에 공부에 적용할 수 있는 이론과 연결하는 능력이 생긴다.

생각하는 것도 기술이다

몇년 전 하버드 대학 학장은 학교 신문에 다음과 같은 글을 기고했다.

학생들이 주어진 숙제를 주어진 방식대로 하는 것이 습관처럼 되어 있어 학교의 틀을 벗어나면 아무짝에도 쓸모 없다고 불평하는 기업들이 많다. 우리는 학생들에게 생각하는 방법을 가르치려는 노력을 하지 않고 생각하지 않으면 공부하기 어려운 분위기를 조성하려고 힘써왔다. 그럼에도 불구하고 학생들은 아직까지도 무작정 열심히 공부해야 한다는 원칙에서 빠져나오지 못하고 있다. 학교에서 가르치고 싶어 하는 판단력과 비판력은 뒤로 미룬 채 많은 시간과 노력을 들여 간신히 점수를 유지하고 있는 것이다. 이것은 학생들의 인생을 불행하게 만들 뿐만 아니라 그들의 인격을 파괴하는 행위다. 필요한 것은 공부 양을 늘리는 것이 아니라 공부 방법을 개선해야 할 필요성을 인식하도록 하는 것이다.

위의 내용은 비단 미국 교육계의 문제만이 아니다. 우리나라의 경우 고등학교를 졸업할 때까지 사지선다형 문제 풀이에 익숙한 학생들이 양산돼 이 같은 문제가 더 심각할 것으로 보인다.

고등학교 동창 중 행동이 느리기로 유명한 친구가 한 명 있다. 같이 여행을 가면 자명종이 울리기 시작한 뒤부터 침대에서 기어 나오는 데 한 시간, 침대에서 기어 나와 옷 입고 준비하는 데 또 한 시간 정도가 걸린다. 준비 동작이 많고 팔 하나를 움직이는 데도 아주 천천히 곡선을 그리며 움직인다. 본인은 스트레스를 안 받아 오래 살 것 같지만, 대신 옆에서 보는 친구들이 열 받아 수명이 적어도 10년은 줄어들 것 같다.

이 느림보 친구와 함께 팸플릿 만드는 일을 한 적이 있다. 폴더에 낱장으로 된 두꺼운 종이 열 장 정도를 끼워넣는 간단한 일이었다. 종이의 내용은 각기 다른 것들이었는데, 이 친구는 각각 다른 종이들을 종류별로 모아 하나의 묶음을 만들어 가로 세로로 구분해서 높게 쌓고 있었다. 나는 기가 막혀서 "종이를 가져온 대로 열 군데에 쌓아 놓고 한 장씩 집어서 폴더에 넣으면 빠르잖아"라고 말했다. 그 친구는 한참 생각해보더니 무슨 말인가 하려고 했다. 그러다가 다시 또 한참 동안 생각을 해보더니 결국 내 말대로 작업을 하기 시작했다. 이 친구는 항상 공부하는 데 시간이 모자란다고 불평했으며, 성적이 부진한 것은 말할 것도 없다.

내가 고등학생 때 개인적으로 공부를 가르쳐준 학생 중 한 명은 문제 푸는 법을 일일이 알려주면 그대로 적어놨다가 다시 똑같이 풀 수는 있었지만 문제 형식이 조금만 바뀌어도 놀란 표정으로 나에게 쫓아와 도움을 요청하곤 했다. 나는 그 친구에게 "문제를 외우지 말고 원칙을 생각해야지"라고 여러 번 주의를 주었지만 내 말을 잔소리로 생각하고는 듣기 싫다는 식으로 무시해버리면서 내가 풀어놓은 대로 되풀이해서 베끼기만 했다.

그는 나와 함께 그 과목에서 1년 내내 치렀던 교내 깜짝 시험문제까지 다 풀어보았는데도 같은 유형의 문제조차 제대로 풀지 못해 개인지도를 해준 보람도 없이 시험 점수의 4분의 1을 차지하는 아주 중요한 주관식 문제를 놓치고 말았다. 선생님들이 좋아하는 유형대로 형식만 바꾸어서 문제가 출제되기 때문에 웬만큼 응용력이 있는 친구라면 어렵지 않게 풀 수 있는 문제였다. 나는 그 결과를 보고 '저렇게 공부해서 수능 작문은 어떻게 하나?' 하고 걱정을 했다.

결국 그 학생은 대학 입학 수학능력시험에서 SAT II의 작문시험이나 주관식 수리 능력 시험을 요구하지 않는 서부의 중간 정도 수준의 대학교로 진학했다. 그렇게 열심히 공부하고도 그가 원하는 동부의 명문 대학 입학은 꿈도 꿀 수 없는 성적을 거둔 것이다.

대학 다니는 동안 소문을 통해 들었는데 그는 여전히 응용력과 비판적인 사고력을 무시하는 공부 태도를 버리지 못해 자신의 학술을 논리적 변증으로 발표하고 증명해야 하는 대학 공부를 힘들어 하며 간신히 학교에서 쫓겨나지 않을 정도의 성적을 유지하고 있다고 한다.

지금까지 학교 성적이나 학습 능력으로 우리는 머리 좋은 사람과 머리 나쁜 사람을 구분하고는 머리 좋은 사람은 특별히 공부를 하지 않아도 쉽게 좋은 성적을 얻는 데 비해 머리 나쁜 사람은 피마르게 고생을 하고도 간신히 낙제를 면한다고 믿어왔다. 하지만 미국 교육학자들은 생각하는 것도 기술이라는 사실을 밝혀냈다. 어려서부터 공간 개념, 언어 비평 기능을 계발한 학생들은 그렇지 않은 학생들에 비해 IQ의 차이가 평균 20퍼센트 가까이 난다는 것이다. 따라서 공부를 잘하면 머리가 좋다는 막연한 개념은 바뀌어야 한다.

교육학자들은 몇 가지 두뇌 기능이 콤비를 이루어 원활하게 움직일 때 일반적으로 머리가 좋다고 말하는 현상이 나타난다고 주장한다. 달리기·차기·패스·팀워크 등의 기술들을 따로 익혀 모든 기능을 하나로 결합해야만 점수가 나는 스포츠처럼, 각각의 두뇌 기능도 따로 익힌 후 하나로 결합해 균형을 이루어야만 머리가 좋다고 말할 수 있는 결과를 가져온다는 것이다.

최적의 답을 신속히 골라내는 판단력 훈련법

판단력은 엄밀히 말하면 IQ로 측정되는 기능이 아니라 EQ로 측정되는 감성적 기능이다. 하나의 질문에 대한 여러 가지 답 중에서 현재 상황을 빠르게 파악하고 최적의 답을 신속하게 골라낼 수 있는 기술을 말한다. 이러한 판단력을 기르려면 다음과 같이 훈련해보자.

어떤 일이든 시작하기 전에 최상의 방법을 먼저 생각해보고 난후 행동에 옮긴다. 만약 지금부터 집에서 나가 책을 한 권 사고, 점심을 사 먹고, 도장을 새기고, 은행에 들러야 하는 상황이 주어졌다고 하자. "도장 파는 것은 시간이 오래 걸리니까 가는 길에 주문해놓고, 은행에 가서 오랫동안 줄을 서면 배고플 테니 책방 근처의 식당에서 밥부터 사 먹고, 식당에서 가까운 책방으로 가 책을 산 다음 책방과 집 중간에 있는 은행에 들렀다가 동네 슈퍼마

켓 옆에 있는 도장 집에 들러 도장을 찾아 집으로 돌아온다면 시간 낭비 없이 모든 일을 다 해결할 수 있다"는 식으로 매번 최상의 해결 방안을 구체적으로 생각해본 후 행동에 옮기는 것이다.

보편 타당한 원칙을 찾아내는 분석력 훈련법

다양한 일들을 경험하면서 각각의 일에서 찾을 수 있는 공통점을 찾아내 원칙을 알아내고 그 원칙을 적용하는 능력을 분석력이라고 한다. 우등생들은 하나의 문제를 풀면 그 푸는 원칙을 알아내 다른 문제에 적용할 줄 안다. 각각의 일들이 가진 공통된 원칙을 찾아내는 분석력은 성적과 가장 깊은 관계가 있다. 이런 분석력을 기르려면 다음과 같은 훈련을 해보자.

수수께끼나 이야기 형식의 난센스 문제집이나 신문 잡지에 나오는 퍼즐을 보면 습관적으로 푼다. 서스펜스 영화를 보면서 범인이 누구인지 예측해보는 습관도 기른다. 철학자 리브닛즈는 "세상에서 일어나는 일은 그 어떤 일도 반드시 일어날 수밖에 없다. 미래에 일어나는 일은 현재에 벌써 일어날 이유를 가지고 있다"라고 말했다. 이처럼 어떤 일이 일어날 때마다 이러한 보편적 원리가 사물에 어떻게 적용되는지 알아내려고 노력한다. 책상 앞에 앉아 공부할 때는 이미 말했듯 20분에 한 번씩은 휴식을 취해야 하는데 그럴 때마다 이제 막 일어난 일이 왜 절대로 일어나야만 했는지를 생각해본다. 시간이 날 때마다 이미 잘 알려진 격언이나 속담을 찾아 왜 그런 말들이 생겨났는지도 상상해본다.

자기 자신의 선생님이 되는 생각기술의 효과

그 외에도 공부를 잘하려면 암기력과 상상력을 길러야 하는데 암기력과 상상력은 이 책의 다른 장에서 다루기 때문에 여기서는 생략하겠다.

달리기를 잘하려면 매일 꾸준히 달리기 연습을 해야 하고 노래를 잘 부르려면 매일 꾸준히 노래 연습을 해야 한다. 선천적으로 달리기를 잘하거나 노래를 잘 부르는 사람도 연습에 연습을 거듭해야만 선수가 되고 가수도 된다. 두뇌도 마찬가지다. 선천적으로 기억력이나 분석력이 부족해도 앞에서 제시한 요령에 따라 지속적인 두뇌 운동을 하면 선천적인 재능을 가진 사람과도 어렵지 않게 경쟁할 수 있을 정도로 두뇌 기능이 향상된다.

물론 이러한 두뇌 운동은 귀찮은 일이다. 내가 태권도를 배울 때 선생님은 오른발잡이인 나에게 왼발차기 연습부터 시켰다. 이렇듯 새로운 기술을 배울 때는 가장 어렵고 내키지 않는 부분부터 연습해야 효과를 거둘 수 있다. 머리의 다른 기능이 모두 뛰어나도 단 한 가지 기능이 눈에 띄게 모자라면 학습 내용을 소화할 수 있는 양과 속도에 병목 현상이 일어나 이해하기와 기억하기가 힘들어진다. 따라서 가장 큰 문제점에 초점을 맞추어 연습을 거듭해 다른 기능과 수준을 맞추어나가야 한다. 다른 기술처럼 공부기술도 하루에 5분씩 빼먹지 않고 연습해 장기간 발전시키는 것이 갑자기 많은 시간을 연습하는 것보다 효과적이다.

유명한 음악 교수 맥퍼린은 제자들을 지도하면서 "천천히 하는 연습은 황금이고 빨리 하는 연습은 납이다"라고 말했다. 생각하는 기술도 마찬가지다. 행동하기 전에 한 번 생각하는 것은 처음에는 몸에 배지 않아 행동에 들어가는 데 적어도 4~5분 정도는 지체될 수 있을 것이다. 그러나 먼저 생각한 후에 행동함으로써 절약되는 시간은 20~30분 정도나 되므로, 생각하느라 지체된 4~5분은 그리 나쁜 투자가 아니다. 가장 능률적이라는 미국 기업에서 직장인들의 생각하는 기술을 발전시키기 위해 사용하는 문제 해결 방안표도 생각 기술 향상에 도움이 될 것이다.

물건을 사러 상점에 가거나 인터넷에서 시시콜콜한 정보를 찾을 때도 이런 식으로 생각부터 정리한 후 행동하면 짧은 시간에 많은 두뇌 운동을 할 수 있다.

스포츠나 악기를 배울 때 어떤 기술을 익히려면 처음에는 시간이 많이 걸리지만 점점 빠른 속도에서도 정확하게 반복할 수 있는 것처럼 매사에 생각부터 하는 습관이 생기면 시간이 지남에 따라 생각하는 기술이 저절로 향상된다. 생각하는 기술을 갖게 되면 텔레비전 뉴스를 통해 슬쩍 본 사건 하나도 자기도 모르는 사이에 공부에 적용할 수 있는 이론과 연결하는 능력이 생겨 남들이 어려워하는 응용문제까지 쉽게 풀 수 있게 된다. 그렇게 되면 앞에서 나온 문제의 푸는 방식을 이용해 다음 문제를 푸는 등, 말로는 그 방법을 일러주기 어려운 그 밖의 공부기술까지 스스로 계발해 자기 자신의 선생님이 될 수 있을 것이다.

생각하는 기술을 익히면 학생도 학자만큼의 폭넓은 지식을 가질 수 있으며, 직장 생활이나 사업을 하는 데 매우 중요한 비판적이고 논리적인 능력도 함께 길러진다. 뉴욕 대학 비즈니스 스쿨 학장 한 분은 "학생들의 판단력과 분석력을 증진시키는 것은 그 어떤 과목을 가르치는 것보다 중요하다"고 단정적으로 말했다. 생각의 단계를 높이는 것은 공부를 잘할 수 있는 기초 작업이며 동시에 공부의 목적이다. 공부는 분석에서 시작되어 분석으로 끝나기 때문이다.

<table>
<tr><td style="background:#b5551f;color:#fff">문제 해결
방안표</td><td>

① 먼저 문제를 인식하라: 우리가 해결하려는 것은 무엇인가?

② 모든 답안을 제기하라: 풀어나갈 다른 방법이 있는가?

③ 답안을 좁혀라: 여러 개의 가능한 답안 중 어떤 답안이 가장 현실적인가?

④ 정답을 선택하라: 좁혀진 답안 중 어떤 답안이 가장 능률적이고 논리적인가?

⑤ 답안대로 수행하라: 어떻게 하면 가장 힘을 적게 들이고 선택한 답안을 사용할 수 있는가?

</td></tr>
<tr><td style="background:#b5551f;color:#fff">문제 해결
방안표의
실제 적용의
예</td><td>

■ **세계 국가 GDP를 찾아 비교하는 문제**

① UN 웹사이트, UN 리포트, 신문사 웹사이트, 경제 잡지, 정부 리포트 등을 이용한다

② UN 웹사이트나 UN에서 나오는 리포트를 보면 온 세계의 정보가 도표로 제시되어 있어 각국 정부가 발행하는 간행물이나 신문에서 하나하나 찾는 것보다 내가 필요한 모든 정보를 단번에 찾을 가능성이 높다

③ UN 웹사이트를 사용하면 도서관에 가는 시간이 절약되고, 도표를 다운로드해 지속적으로 사용할 수도 있어 도서관에서 자료를 베끼는 시간이 절약된다

</td></tr>
</table>

공백을 상상하라

머릿속에 그림을 그리기 시작하면 아무 관련 없어 보이던 정보들이 한데 모이고, 그들 사이에 어떤 관계가 있는지 확실해진다. 자신이 접하는 모든 지식을 구체적 그림으로 상상하는 훈련을 꾸준히 하면 '천재'라 불리는 이들과도 어깨를 나란히 할 수 있게 된다.

아는 것과 이해하는 것은 다르다

나는 어려서 집중력이 매우 부족했다. 우리 어머니도 자식 교육에 열을 올리는 여느 한국의 어머니같이 내가 강원도 산골에서 초등학교에 다닐 때부터 미국에서 살다온 서울의 영어 선생님을 알아내 온갖 사정을 해서 원주까지 나를 가르치러 오게 만드셨다. 당시 나는 어머니의 눈물겨운 노력으로 내가 큰 혜택을 받고 있다는 사실조차 깨닫지 못할 정도로 어린 나이였고, 설령 그 사실을 알았다고 해도 열심히 공부할 정도로 철이 들지도 않았었다. 나는 그때 약 7년 동안 학원이다 과외다 해서 여러 가지 방법으로 영어를 배우고 있었지만 일상적인 대화 하나 제대로 못 할 정도의 미숙한 실력이었다. 게다가 집중력이 모자라 서울에서 오신 선생님과 1 대 1로 영어를 배우면서도 잠시도 가만히 앉아 있지 못했다.

그 영어 선생님은 나를 한 시간 가르치기 위해 서울에서 두 시간도 더 걸려 내려오셨다가 다시 그만큼의 시간을 써서 돌아가야 했지만 나는 한 시간 동안 영어 공부하면서 화장실을 대여섯 번씩 드나들며 산만하게 굴었다. 바이올린도 여섯 살 때부터 6년씩이나 배웠으면서도 도레미파 소리조차 제대로 내지 못할 정도로 인내심도 부족했다.

고등학생이 되어서 적은 시간 공부를 하고도 높은 성적을 올리면서 남는 시간에 내가 원하는 다른 분야의 공부를 할 수 있는 공부기술을 익혀야겠다고 생각한 것은 아마 나에게 가장 모자라는 집중력을 다른 방법으로 보충하려는 시도였을 것이다.

차츰 나이가 들면서 나는 교습이나 강의 때, 또는 대화를 나눌 때 집중하는 것이 상대방에 대한 예의라는 사실을 깨닫고, 점차 집중하려는 노력을 해 조금은 성과를 거둘 수 있었다. 그래도 워낙 집중력이 없어서 대학에 다닐 때까지도 거의 두 시간에 달하는 강의를 듣다 보면 어느새 머릿속으로 다른 생각을 하기 일쑤였다. 그러나 나는 선생님의 강의를 열심히 듣는 것이 집에 돌아가서 세 시간 이상 열심히 공부하는 것보다 효과적이라는 사실을 잘 알고 있었기 때문에 최선을 다해 요점을 놓치지 않고 다 들으려고 노력했다. 물론 나도 모르게 강의를 들으며 공상을 할 수 있기 때문에 노트 필기같이 집중력을 분산시킬 수 있는 행동은 철저히 피했다.

물론 모든 학생들이 선생님의 강의를 완벽하게 알아들을 수는 없다. 그러나 강의라는 것은 항상 요점 하나를 설명하기 위해 여러 가지 예시와 부연 설명이 적어도 30분에서 1시간 이상 뒤따른다. 따라서 나는 약한 집중력을 보완하기 위해 선생님이 요점을 거론하는 10분간의 강의만 듣고도 내용을 이해하는 방법을 계발하는 데 많은 노력을 기울였다. 물론 나처럼 거의 병적으로 집중력이 모자라지 않다면 선생님이 설명하는 예시를 모두 들을수록 강의 내용을 이해하기 쉬울 것이다. 요점을 풀어서 설명하는 예시는 그 내용이 쉬워서 오래 기억할 수 있다. 하지만 예시를 열심히 듣는 것보다 더욱 중요한 것은 그때그때 전체 내용의 요점을 이해하는 것이다.

아는 것과 이해하는 것은 다르다. 영어로 ‘안다’는 ‘know’라는 간단한 하나의 단어를 쓰지만 ‘이해하다’는 ‘understand’와 ‘comprehend’ 두 가지 단어를 쓴다. ‘under+stand’는 ‘아래에 서다’는 합성어로서, 이해하고 받아들인 지식은 정신 영역 아래에 놓여 있는 정신세계의 주요 부분임을 보여준다. 'comprehend'는 라틴어로 '함께'라는 뜻의 'com'과 '놓다, 만들다'라는 뜻인 'prendere'를 합한 라틴어 단어 'comprendere'를 어원으로 하는 프랑스어 'comprendre'가 영어로 편입된 것이다. 즉 지식을 자기와 하나 되게 만드는 것이 '이해'다.

배운 것을 이해한다는 것은 새롭게 배운 지식의 원리와 원칙을 안다는 것을 뛰어넘어 자신이 이미 알고 있는 모든 감성적 · 이성적 지식과 새롭게 습득한 지식이 일체화되는 것을 말하며, 천을 이루는 한 줄기 실처럼 떼어내려고 해봐야 떼어낼 수 없는 자기 지식의 일부가 되는 것을 말한다.

머릿속에 그림을 그려라

뭔가를 이해하는 데 상상력은 가장 중요한 역할을 한다. 현대 교육학에서 말하는 상상력은 아무것도 없는 공백에서 무엇인가를 창조할 수 있는 능력만을 뜻하지 않고, 공간 개념을 이용하는 모든 두뇌 기능을 포함하는 말이다. 다시 말하면 머릿속에 그림을 그리는 능력을 상상력이라고 하는 것이다.

배운 것을 이해하는 데 상상력은 두 가지 역할을 한다.

첫째, 선생님이 강의하는 중에 예로 드는 것을 영화처럼 그림으로 상상해보면 강의 내용을 쉽게 잊어버리지 않는다. 머리가 언어를 기억할 수 없다는 것은 앞서 이미 설명한 바 있다. 사실 두뇌에 있어 언어는 꼬인 줄이나 의미 없는 소리에 불과하다. 다시 말하지만 사람은 소리를 가장 먼저 외운다. 그림은 그 다음이다. 언어로 된 정보를 습득하기 위해서는 소리로 외웠다가 그림으로 저장한 뒤 언어로 전환하는 과정을 거쳐야 한다. 따라서 어떤 이론은 언어로 외우기보다는 예로 든 구체적인 사례를 그림으로 기억하는 것이 효과적이다.

교과서도 우리의 상상력을 자극하는 중간 매체에 불과하다. 언어와 생각의 관계를 공부하는 사람들을 기호학자라고 부르는데, 기호학자들에 의하면 모든 생각은 일단 머릿속으로 들어가면 그림으로 전환되어 저장된다고 한다. 만약 역사책에서 단군 신화를 읽으면, 단군 신화에 나오는 사람들의 얼굴, 곰이나 호랑이가 동굴 안에 앉아 있는 모습 등의 그림이 머릿속에 저장되는 것이다. 같은 이야기도 한 명이 다른 사람에게 하고, 그 사람이 또 다른 사람에게 하면서 이것이 반복되면 완전히 내용이 바뀌는데, 그것은 그림만을 가지고 있는 기억에서 이야기를 재창조하기 때문이다.

즉 시험을 보면서 문제지를 푸는 것은 내용을 외워서 대답하는 기계적인 능력이 아니고 기억하고 있는 요약된 그림에서 언어적 대답을 창조해내는 예술적인 기능인 것이다. 머릿속에 저장되는 그림은 사람들이 일부러 만들어내는 것이 아니고, 앞에서 설명한 대로 저절로 스키마 형식으로 만들어지지만, 만약 우리가 일부러 만든다면 마치 시험에 나올 내용을 손바닥에 써가지고 가서 커닝하는 것과 같은 효과가 있을 것이다.

사회 시간에 소유와 공급의 관계를 배운다면 머릿속으로 가격을 깎아주지 않으면 옆집으로 가겠다고 으름장을 놓으며 사정없이 가격을 깎는 손님을 상상해보자. 같은 물건을 파는 옆집 숫자가 적을수록 장사꾼은 마음대로 하라며 배짱을 부릴 수 있지만 비슷한 상점이 많으면 어쩔 수 없이 손님이 원하는 가격에 팔고 마는 그림을 머릿속에 그려본다.

물리 시간에는 전자가 원자 주위를 회전하고 있는 것을 머릿속에서 될 수 있는 대로 정확한 그림으로 상상하려고 노력해본다. 과학에서는 꼭 사실과 같지 않더라도 원리가 비슷한 그림을 많이 사용한다. 간단한 것으로 초등학교 때 과학 교과서에서 본 전구와 탁구공을 이용해 밤낮과 계절이 바뀌는 것을 설명하는 그림이 있다. 이것이 복잡해지면 수학 그래프나 컴퓨터로만 만들 수 있는 DNA 모델이 된다. 이 모델들은 물리적으로 외울 수 있는 그림을 제시해 추상적 이론을 쉽게 이해할 수 있도록 도와준다. 하지만 더 경이로운 것은 이 모델을 이용해 진짜 해와 지구, 그리고 무한한 우주 공간일지라도 우리 머릿속 빈 공간에 고스란히 들여놓을 수 있다는 것이다.

살아가는 데 있어서는 두뇌의 여러 가지 기능 중 대뇌의 앞부분을 둘러싼 대뇌피질, 즉 이마 쪽에서 나오는 순간적인 판단력이 가장 중요하다고 한다. 그러나 공부를 하는 데는 대뇌의 우측에 놓인 상상과 공간 개념 기능이 가장 중요하다. 머릿속에 그림을 그리기 시작하면 아무런 관련이 없어 보이던 정보들이 같은 곳에 모이고, 그들 사이에 어떤 관계가 있는지 확실해진다. 이 관계의 표현을 학습에서는 '이론'이라고 한다.

이론은 상상력을 사용해 만들어지고, 상상력을 통해 이해된다. 이러한 활동에 능숙한 사람들은 과학이나 수학을 공부할 때, 현실 세계에서는 존재하지 않고 그릴 수도 없는 숫자의 순수 개념도 상상을 통해 이해한다. 이것이 상상력의 두 번째 역할이다. 이러한 기능을 논리적 판단력이라고 부른다. 즉 논리적 사고는 상상력과 같은 말이다.

상상력을 계발하는 유일한 방법은 머릿속의 빈 공간을 자주 이용하는 것이다. 예를 들어 영화를 봤으면 머릿속에 그림이 보일 때까지 한 장면을 구상하고, 이것을 머릿속에서 3차원으로 만드는 연습을 한다. 마치 카메라를 옮기듯이 초점을 옮기며 장면이 바뀌는 것을 상상한다. 지도를 보면서 진짜 도시의 모습을 상상해 보는 것도 좋은 연습이다. 학교 공부를 위한 상상력 증진은 실제 사건을 상상하는 것으로 시작한다. 이것을 2~3년간 지속적으로 되풀이해 습관으로 만들면 공백을 상상할 수 있게 된다.

공백을 상상하는 능력이 생기면 공부를 대하는 태도가 근본적으로 바뀌면서, 여러 과목에서 가르치는 이치가 자동으로 한곳으로 모인다. 이것이야말로 하루에 30분씩 훈련해서 1년이 지나면 머리가 얼마나 좋아졌는지를 스스로 느끼게 해주고 2~3년 꾸준히 노력하면 교내 천재들과도 겨뤄볼 수 있게 만드는 탁월한 방법이다.

과목별
공부기술

언어 _ 모든 공부의 기본,
언어감각을 키워라

언어는 모든 공부의 기본이다. 자신의 지식의 수준보다 조금 어려운 책을 읽는 바른 독서를 통해 언어능력을 높이다 보면 모든 학문이 하나로 연결되는 놀라운 경험을 하게 된다. 그때부터 공부는 노동이 아니라 놀이가 된다.

공부의 첫 단계, 각 과목의 언어를 이해하라

언어는 모든 공부의 기본이다. 언어를 제대로 이해하지 못하면 수학·과학·화학 같은 과목도 잘하기 힘들다. 음악이나 미술 역시 잘하기 어렵다. 어떤 과목을 공부하건 간에 기본 개념은 언어로 이해해야 한다. 수학이나 과학·물리·화학·미술·음악적 재능은 모두 그 과목에서 사용되는 언어 개념으로 이해되고 그 언어 개념으로 설명된다. 또한 어떤 과목이 되었건 간에 시험문제는 언어로 낸다. 문제의 지문을 이해하지 못하면 그 과목에 대한 탁월한 재능을 가졌어도 시험을 잘 보기가 힘들다. 인간이 동물과 가장 크게 다른 점이 언어 사용 능력이라는 사실을 모르는 사람은 없을 것이다. 언어는 의사소통뿐만 아니라 사고방식을 정리하고 표현하며 확장하는 매우 중요한 수단이다. 인간은 언어를 사용할 수 있기 때문에 다른 동물들이 생각할 수 없는 것들을 생각해내고 발명하고 발전할 수 있었다. 인간이 동물과 달리 품위 있게 살 수 있는 것은 언어로 생각을 발전시키고 사고를 정리할 수 있기 때문이다. 인간의 모든 생각은 언어로 저장되고 표현되며 확장되므로 언어는 모든 공부의 기본이라고 할 수 있다. 언어를 제대로 이해하지 못하고 이런저런 과목의 공부를 하려는 것은 패스하는 방법을 배우지 않고 축구 시합에 나가는 것, 호흡법을 익히지 않고 수영을 잘하려고 하는 것만큼 무모한 행위다.

운동이건, 춤이건, 음악이건, 학과 공부건 간에 완벽하게 습득하려면 반드시 먼저 익혀야 할 기본기가 있는 법이다. 펜싱을 배울 때 나는 처음 2년간 런지·리포스트·패리 같은 기본 움직임 등을 배웠다. 그것이 어느 정도 익숙해지자 각각의 동작을 연결하는 방법을 배웠다. 그런 기본적인 움직임에 자유로워진 다음에야 작전과 스타일에 신경을 써야 하는 경기를 할 수 있었다. 춤을 배울 때도 먼저 지겨울 정도로 기본 스텝만 연습해 몸에 배게 한다. 기본 스텝을 완전히 익히면 스텝과 스텝을 자유롭게 연결하는 방법을 배운다. 태권도도 테크닉 자체만 익혀서는 아무짝에도 쓸모가 없다. 판자와 벽돌 몇 장 정도는 격파하는 발차기와 주먹을 가진 사람도 상황에 따라 그런 테크닉을 응용할 줄 모르면 실전에서는 실컷 두들겨 맞기만 할 것이다. 간혹 태권도가 실전에서는 전혀 쓸모가 없다고 말하는 사람이 있는데, 그것은 태권도의 테크닉 배우기에만 연연했기 때문이다.

미국 대학에선 이처럼 어떤 분야의 기본기를 익히는 과정을 '펜싱의 언어를 공부하는 과정', '춤의 언어를 공부하는 과정' 등이라고 표현한다. 공부 역시 과목의 기본기인 그 과목의 언어를 공부하는 과정부터 시작해야 한다. 나에게 피아노 배우는 방법을 가르쳐달라고 부탁한 한 학생은 테이블을 손가락으로 치며 손가락 패턴을 연습하고 피아노 치기에 적합한 손으로 만들기 위해 관절을 늘리는 스트레칭을 하고 있다고 말했다. 그리고 가끔은 손가락이 움직이는 속도를 늘리기 위해 손가락을 빠르게 교체하며 건반 치는 연습을 한다고 자랑했다. 음악을 표현하는 기술을 익히려고 신체적인 고통을 감수하는 그 학생의 의지는 칭찬할 만하다. 그러나 나는 이 학생의 경우 공부의 진행 단계가 바뀌어 실력이 향상되기 어렵겠다는 생각을 했다. 이 학생이 한다는 피아노 치기에 적합한 손가락 운동은 음악 선진국에서는 이미 1950년대 이후부터는 거의 사용하지 않는 방법이다. 1870년대부터 음악 비평가들은 이미 그런 훈련의 효과를 비판하기 시작했으며, 그런 방법을 써서 세계적인 피아니스트가 된 사람은 한 명도 없다. 음악적 아이디어를 건반악기라는 언어로 자유롭게 표현할 수 있는 능력은 손가락 움직임 익히기에서 나오는 것이 아니다. 자신을 건반악기와 한 몸이 되게 만들어 아름답게 표현하려는 생각부터 몸에 배야 한다. 손가락 움직임이 잽싼 20년 경력의 타이핑 전문가의 손이 피아노 건반 위에서 무용지물이 되는 이유는 바로 그들이 음악을 표현하는 음악 언어를 모르기 때문이다. 나는 그 학생에게 그런 테크닉은 음악을 잘 표현하기 위해 익히는 기능에 불과하며, 그런 기능이 음악적 언어로 연결되지 않는다면 테크닉 그 자체는 익힐 필요가 없다고 설명했다. 이어 위대한 피아니스트가 되려면 가장 먼저 음악의 기본 패턴과 음악 언어부터 익히고, 그런 다음에 피아노 명곡들을 들으면서 음악 언어를 찾아내고, 마지막에 자신의 기술적 한계를 극복하도록 손가락 움직임을 연습하는 순서로 공부하라고 조언해주었다.

피아노·펜싱·춤뿐만 아니라 수학·국어·사회·과학 같은 과목도 이런 단계를 밟아 공부를 해야 모든 경계를 넘나들며 이해할 수 있어 공부 시간을 줄이고도 높은 성적을 거둘 수 있다. 어떤 과목에서 사용하는 '전문용어'와 '전문개념'은 그 영역의 핵심 개념을 표현하는 언어들이다. 공부를 열심히 하는데 성적이 오르지 않거나, 단편적인 지식만 쌓아 다양한 지식을 가진 사람이 부럽다면 이는 폭 넓은 생각과 자유로운 표현을 가능하게 하는 언어 이해 과정 없이 바로 과목 공부에 들어간 데 따른 결과다. 공부기술의 핵심은 한 영역의 언어를 자유자재로 구사할 수 있는 기본기를 익힌 다음 더욱 넓은 상상력과 더욱 확고한 창의력을 보태 다른 언어를 이해하는 방식으로 지식을 확장하는 것이다.

언어 능력 고양의 첩경, 바른 독서

모든 학문의 기본인 언어 능력을 높이는 비결은 바른 독서다. 되는 대로 쉬운 책을 읽는 독서가 아니라 명문장으로 구성되고 개념 정리가 분명한 좋은 책을 골라 읽는 것만큼 언어 능력을 높여주는 방법은 없다. 나 역시 바른 독서로 언어 능력을 길러 공부를 쉽게 잘할 수 있었다. 나는 초등학교 때부터 만화로 된 쉬운 책은 가급적 읽지 않았다. 내 나이 또래가 읽는 것보다 수준이 높은 철학책을 많이 읽었다. 그 덕분에 작고 촘촘한 글씨로 가득한 책들과 친해질 수 있었다. 쉬운 책만 보면 어려운 글이 눈에 들어오지 않아 어려운 책으로 옮겨가기가 어렵다. 그러나 처음부터 어려운 책 보기에 길들면 어려운 책을 읽는 재미에 빠지게 된다. 나는 특히 데카르트 · 하이데거 · 칸트 · 니체 · 푸코 · 포이어바흐 · 데리다 등의 철학책을 읽으며 다양하고도 정확한 언어 개념들을 익혔다. 지금은 사람들이 철학을 우습게 아는 시대지만, 철학은 말 그대로 세상 사는 이치를 알려주는 기초 학문이다. 그래서 언어는 대부분 철학적 개념으로 만들어져 있다. 세기의 철학자들은 세기의 언어 연금술사들이다. 그들의 언어는 처음엔 딱딱하고 어려워 보이지만 반복해서 읽다 보면 그 속에 담긴 깊은 의미가 가슴에 새겨지고 응용 능력이 생겨 점차 언어 능력이 향상된다. 그 단계를 뛰어넘으면 모든 학문이 하나로 연결되는 놀라운 경험을 할 수 있다. 그때부터 공부는 노동이 아니라 놀이로 변한다.

공부를 잘하려면 공부의 기본 원리를 따로 떼어내 하나하나 제대로 이해한 후 그것을 하나로 연결하는 단계를 건너뛰지 말아야 한다. 철저히 단계를 밟다 보면 세상을 살아가면서 필요한 진정한 공부를 하면서도 학교 성적까지 가볍게 높일 수 있다. 당장은 지루할 수도 있지만 우직할 정도로 공부의 첫 단계인 언어 이해 단계부터 밟아나가면 점차 저절로 폭넓은 공부가 된다. 모든 공부의 기본인 언어 공부부터 다시 시작하면 지금은 지루하고 돌아가는 것 같아도 금세 앞서가는 친구들의 성적을 뒤쫓을 수 있을 것이다.

수학_ 사고의 기본, 논리력을 키워라

철학책을 읽다 보면 수학의 기본기의 논리력이 향상된다. 수학이 정말 골치 아픈 학생이라면 철학책, 그것도 어려우면 수학자의 위인전이라도 읽고 수학 공부를 다시 해봐라. 수학이 얼마나 재미있는 과목인지 알게 될 것이다.

수학은 철학의 다른 얼굴

수학은 숫자를 다루는 학문이 아니다. 철학의 복잡한 논리를 가장 단순하게 표현하는 철학의 영역에 속하는 학문이다. 따라서 수학 공부 역시 계산이나 공식 외우기보다 인간이 가질 수 있는 모든 사고의 기본 논리인 철학을 먼저 익힌 후 공부해야 잘할 수 있다. 이때 사고의 기본 논리는 세계적으로 인정받는 철학책을 보아야 이해할 수 있다. 훌륭한 철학책을 많이 읽으면 공부의 기본 단계인 언어능력은 물론 수학 공부의 기본 단계인 사고의 기본, 논리 키우기도 쉽게 할 수 있다.

수학자 버트런드 러셀은 뛰어난 철학자이면서 노벨문학상 수상자이기도 하다. 그의 가장 잘 알려진 철학 저서 《기술적 세계의 운명》은 수학자로서는 보기 드문 문장력과 철학적 관점으로 당시의 문명 세계를 날카롭게 비평하고 있다. 또 다른 수학자인 에셔는 입체를 평면으로 표현하는 방법을 개발해 현실적으로는 도저히 만들 수 없는 신비로운 도형들을 그려 미술가로서도 이름을 날렸다. 나의 모교인 뉴욕 대학 주도서관인 보브스트 도서관은 13층에 이르는 고층 건물로 되어 있다. 각층의 난간에 기대서면 1층 바닥이 보인다. 1층 바닥은 에셔가 디자인한 패턴, 즉 평면에 입체를 표현하는 방법을 사용해 오목한 것과 볼록한 것을 둘 다 표현한 독특한 문양으로 이뤄져 있다. 그런가 하면 수학자 더글러스 호프스태터는 미국 최고의 문학상인 퓰리처 상을 받았다. 그가 쓴 《괴델, 에셔, 바흐》는 이 세 명의 수학자들이 같은 원리를 발견하고도 각기 다른 방법으로 표현했음을 설명한 책이다. 호프스태터는 비평서나 교과서 투의 딱딱한 문장을 사용하지 않고 토끼와 거북이의 철학적 대화 등을 통해 자신의 생각을 재미있고 쉬운 방법으로 서술해 유명해졌다. 이 책의 주제인 세 명의 실존 인물들은 훌륭한 수학자들이지만, 수학을 통해 발견한 규칙들로 생각과 사물을 바라보는 시각을 바꾸어 일반인들도 이해할 수 있는 자기 나

름대로의 방식으로 자기들이 발견한 방법들을 표현해 각각 수학자·미술가·음악가로도 인정을 받았다.

수학은 한마디로 말해 논리적 사고를 가장 간단히 표현하는 학문이다. 마르틴 하이데거나 게오르크 헤겔의 논리학 책을 읽어보면 그들이 사용하는 언어가 과연 일반인이 사용하는 언어와 같은 것이라고 할 수 있을지 의아할 정도로 어렵다. 그러나 조금만 읽는 방법을 터득하면 일반 언어보다 정확하고 이해하기 쉽다는 것을 알게 된다. 우리들이 사용하는 언어는 일상생활의 모습을 대략적으로 묘사하기 위해 만든 것이다. 순수한 논리 간의 관계를 정확히 표현하기에는 한계가 있다. 그래서 모든 것을 정확하게 표현해야 하는 철학 언어는 복잡하기 마련이다. 일반인이 이해하려면 머리에 쥐가 날 정도로 어렵기도 하다. 그렇게 복잡한 철학 언어를 가장 간략하게 표현한 것이 수학이다. 다시 말해 수학은 논리적인 원리를 간결한 언어로 표현하기 위해 발명된 학문이다. 그래서 수학과 일반 언어 사이에는 다른 점이 많아 보이지만 사실 공통점이 더 많다. 대표적인 공통점은 수학과 언어의 역할이다. 수학과 언어는 모두 기호로서 역할한다. 단어가 언어와 언어의 연쇄작용인 문장을 사용해 생각을 나타내는 기호로 작용하는 것처럼, 숫자와 공식 역시 어떤 논리적 원리를 '상징'하는 기호로 사용된다. 언어와 마찬가지로 수학의 기호들은 다른 기호들과 연관성을 가질 때만 그 의미가 생긴다.

수학을 가르치는 교육자들은 기초 교육에서부터 숫자에 반드시 단위를 붙여 사용한다. 숫자는 뒤에 따라오는 단위가 있어야만 숫자로서의 의미가 생기기 때문이다. 그런데 숫자에 단위를 붙이는 순간 그것은 더 이상 수학이 아니다. 예를 들어 숫자에 돈의 단위를 붙이면 수학이 아니라 회계가 된다. 수학은 순수한 논리의 영역만으로 한정된다. 철학의 가장 순수한 모습인 것이다. 그 때문에 수학은 논리적 사고를 길러주는 철학을 제대로 공부한 후 도전하면 아주 잘할 수 있다. 수학적 증명은 철학적으로 어떤 증명이 가능하고 불가능한지, 또 철학적으로 생각하는 방법에 모순이 있는지 없는지를 가장 빨리 찾아내는 과정이기 때문이다.

수학은 모든 지식을 하나로 묶는 끈

많은 학생들이 언어나 과학 공부는 하기 싫어해도 왜 공부해야 하는지는 잘 안다. 하지만 수학은 대체로 쓸데없는 공부로 여긴다. 그러나 알고 보면 대부분의 수학적 규칙이나 공식은 실생활에서 유용하게 사용되고 있다. 대포알이 떨어질 자리를 예측하기 위해 만든 포물선 공식은 함수를 중요한 학문의 한 부분으로 밀어 올렸다. 건축가들은 수학적 논리를 이용해 건물 모양을 구상한다. 음악이나 미술 역시 수학을 바탕으로 할 때 가장 아름답다. 바흐가 음악의 아버지인 것은 그의 평균율이 수학의 법칙 안에 있기 때문이다. 피카소의 그림이 최고로 여겨지는 것 역시 그의 면 분할이 가장 수학적이기 때문이다. 오늘날의 모든 학문은 수학을 중심에 두고 서로 통일된 패턴을 갖는다. 어떤 사회적·과학적·철학적·도덕적 아이디어도 수학적 논리의 입증 없이 학자나 일반인들에게 크게 인정받을 수 없기 때문에 수학을 제대로 배워야 제대로 된 지식을 얻을 수 있다.

사람은 생각하는 대로 느끼는 동물이다. 수학을 살아가는 데 그다지 필요하지 않은 공부라고 생각하면 누구든 수학 공부가 싫어질 것이다. 그러나 철학이 생각의 뼈대를 만드는 논리며, 그 논리가 언어와 수학으로 갈라진다는 이치를 제대로 깨닫고 나면 수학을 쓸데없는 공부로 여기지 않게 될 것이다. 수학은 논리적이고 철학적이면서 대단히 복잡한 의견을 단 한두 개의 공식이나 수열로 표시할 수 있어 모든 과목의 공부는 수학과 철학을 통해 일률성과 통일성을 갖게 된다. 그렇기 때문에 아무리 똑똑하고 공부를 많이 한 사람도 철학적인 기본 지식이 부족하면 싸구려 지식만을 갖게 되어 품위 있는 지식인 대접을 못 받는다. 철학과 수학 지식이 부족한 사이비 지식인들은 겉보기에는 많이 아는 것처럼 보이지만 자신의 지식을 영혼과 개성으로 묶어 일괄적인 멋을 만들어내는 능력으로 연결하지 못한다. 공부를 많이 해도 하나로 연결하지 않아 죽었다 깨어나도 통섭형 인간이 될 수 없다. 세계적인 지

식인들은 수학이 모든 지식을 하나로 묶는 중요한 끈이라고 이해
하는 사람들이다.

수학의 언어, 논리를 이해하라

나는 어릴 때 지독히 수학을 못했다. 초등학교 고학년부터 중학교
1학년 때까지 심심하면 한번씩 50점을 맞아 부모님의 속을 뒤집
곤 했다. 어머니는 그런 나에게 "너는 절대 이과 체질이 아니야"
라며 낙인을 찍기도 하셨다. 그런데 나는 지금 누구보다 수학을
좋아한다. 텔레비전도 수학을 기초로 하는 기술과 과학 등만 다루
는 디스커버리 채널을 즐겨 본다. 가끔씩 어머니의 섣부른 판단
때문에 공대에 못 가고 경영대에 간 것을 원망할 정도다. 지금은
첨단 기술이 세상을 지배하고 부를 창출하는 시대이기 때문에 기
술을 가진 사람이 주인공인 데다 어머니의 생각과 달리 내가 공대
에서 배우는 수학 정도는 쉽다는 것을 알게 되었기 때문이다.

수학을 지독히도 못하던 내가 갑자기 수학에 흥미를 갖게 된
것은 미국 학교로 옮긴 후부터다. 미국 학교의 수학 공부가 쉬워
서가 아니라 학년이 올라가면서 어릴 때 읽었던 철학 지식이 수학
과 통했기 때문이다. 내가 어릴 때부터 그런 것을 염두에 두고 읽
은 것은 아니지만, 무조건 이해하지 못하면서도 열심히 읽은 데카

르트·하이데거 등의 철학책은 알게 모르게 수학의 기본기인 논리적 사고를 길러주었다. 그런 책들을 읽는 동안 저절로 신기한 것을 보면 나 자신에게 '왜'라는 질문을 하게 되었다. '왜 거울은 사람의 모습을 반대 방향으로 바꾸지 못하고 그냥 비추는 것일까?', '왜 사람은 변덕스러운 것일까?' 등 주변의 모든 것은 내게 질문거리였다. 사람의 뇌는 스스로에게 질문을 하면 답을 찾는 모드로 변한다. 철학의 기본을 알면 질문에 정확한 대답을 하기 위해 논리를 세우게 된다. 나는 어릴 때부터 철학책을 많이 읽은 덕분에 이런 식으로 묻고 대답하며 저절로 사고의 기본인 논리력을 기를 수 있었다. 그 덕분에 어머니의 예상을 뒤집고 이과 계열인 (우리나라와 달리 미국에서 경영학은 이과 계열이다) 경영대에 들어가 난수표 같은 숫자 다루는 과목에서 우등생이 되기도 했다.

수학을 그저 골치 아픈 과목으로만 생각하면 수학 공부를 잘하기 힘들다. 수학도 영어나 우리말을 배우듯 수학이라는 언어와 친해지려고 노력해야 잘할 수 있다. 수학을 다룬 철학자들의 책을 많이 읽어 사고의 기본 논리부터 키운 후 수학을 공부하면 수학의 언어가 쉽게 다가올 것이다. 나는 수학 공식을 외우거나 계산 연습을 하지 않아 산수는 무척 못했지만 수학의 기본인 논리적 사고를 길러주는 철학책을 많이 읽어 뒤늦게 수학을 재미있는 학문으로 받아들일 수 있었다. 지금 갑자기 철학책을 읽어보고 수학 성적을 높이기는 불가능하다고 생각할 수도 있다. 그러나 기본부터 단계를 밟는 것이 기초 없이 모래 위에 집을 짓는 것보다 전체적인 시간으로 보면 훨씬 시간도 절약되고 효율도 높아진다. 수학이 정말로 골치 아픈 학생이라면 철학책, 그것이 어려우면 수학자들의 위인전이라도 읽고 수학 공부를 다시 해보기 바란다.

과학 _ 지식의 눈,
과학적 마인드를 키워라

'과학'이란 알고 보면 아주 단순한 학문이다. 보이는 대로 믿지 않고 여러 가지 방법으로 실험하고 검증해본 후 믿을지 여부를 판단하는 학문이라고 생각하면 과학 공부가 쉬워질 것이다. 생활 속의 과학을 보여주는 TV 프로그램을 통해 과학에 대한 흥미를 부추기는 것도 좋은 방법이다.

몰입의 즐거움, 마술 같은 과학의 세계

과학자들은 대부분 자기가 하는 일이 너무 재미있어서 밥도 제대로 먹지 않고 옷도 제대로 갈아입지 않는다. 아이들이 컴퓨터 게임에 빠지는 것보다 더 깊이 몰두한다. 토머스 에디슨이 계란을 삶는다며 끓는 물에 회중시계를 넣었다거나 뉴턴이 실험하기 위해 수은을 들이마시다가 수은 중독으로 비참하게 세상을 떠난 이야기는 너무나 유명하다. 15세기 이전까지만 해도 과학은 우리들이 좋아하는 마술 정도로밖에 인정받지 못했다. 순전히 재미를 주기 위해 과학이 존재한다고 믿었던 것이다. 그러다가 뉴턴 이후 과학이 인간의 생활을 크게 향상시킬 수 있다는 것이 증명돼 하나의 학문으로 인정받기 시작했다. 재미로 시작된 과학이 골치 아픈 학문으로 진화한 것은 과학적 마인드를 기르지 않고 무조건 과학의 수학적인 공식과 계산 등을 공부하게 되면서부터다. 수많은 과학자들이 모든 것을 잊고 과학 공부에 몰두할 수 있었던 것은 그들이 유별나서가 아니다. 그들은 과학적 마인드를 키워 과학 공부가 정말로 재미있었기 때문이다.

내가 유치원 다닐 때만 해도 웬만한 남자애들은 어른이 되면 과학자가 되겠다고 말했다. 과학 시간에 지겨운 그래프와 공식 풀기, 쓸데없는 암기를 강요당하기 전까지는 학생들이 가장 재미있어 하는 과목 중 하나가 과학이다. 나도 초등학생 때의 과학 시간을 생각하면 다른 과목에 비해 추억거리가 많다. 우물에서 개구리 알을 채집해와서 수족관에서 기른 일, 저수지에 가서 물고기를 잡아 관찰하는 등 따분하게 교실에 앉아서 하는 다른 과목의 공부와 달리 내가 직접 참여할 수 있었던 재미있는 과목으로 기억된다. 하얀 실험실용 가운을 입고 헝클어진 머리로 실험대 위에 있는 각종 약품을 섞는 아인슈타인 같은 과학자의 모습을 상상하고, 남보다 먼저 달로 가는 로켓을 타는 기분을 상상하며 내 또래 어린이들은 과학자의 꿈을 키웠다.

하지만 학년이 올라갈수록 과학은 따분하고 지겨운 과목으로 전락했다. 고등학교 물리학은 도표와 공식만 외우는 따분한 공부로밖에 기억되지 않는다. 인문계 학생들은 이런 골치 아픈 것을 왜 배워야 하는지 모르겠다고 볼멘소리를 했다. 그러나 중국·인도·브라질 등 브릭스 국가들은 오래전부터 그린 에너지 개발, 생명공학, 나노기술 등 부가가치가 높은 기술 개발을 주도할 만한 이과 출신 인재들을 배출해내 첨단과학 분야에서 상당한 진전을 보이고 있다. 지금은 이런 첨단과학이 경제력을 창출하는 과학 시대이므로 과학 공부가 어렵다는 투정만 하고 있을 수 없다. 최소한 새로 나타날 기술의 흐름을 놓치지 말아야 경쟁에서 뒤처지지 않는 세상이 되었다.

과학을 알면 세상이 보인다

과학 공부는 과학적 마인드부터 길러야 쉽고 재미있게 할 수 있다. 과학적 마인드는 어린 시절에 과학을 배우며 경험해보았듯 마음만 먹으면 생활 속에서 얼마든지 기를 수 있다. 과학적 마인드 없이 과학을 배워 과학 과목이 지겨운 학생이라면 짧은 시간 내 과학적 마인드를 기를 수 있는 디스커버리 채널을 시청할 것을 권한다. 디스커버리 채널은 30여 년 전, 미국에서 과학에 미친 사람들이 돈을 투자해 만든 과학 실험 프로그램만 방송하는 채널이다. 과학을 잘 모르는 사람을 대상으로 하기 때문에 과학이 왜 중요한지를 쉽게 이해할 수 있는 재미있는 프로그램이 많다. 새로운 자동차 엔진 개발, 그린 에너지 개발 원리 등을 개발 과정과 개발자들의 설명을 흥미롭게 보여준다. 이런 방식은 내가 과학적 마인드를 갖는 데 도움을 준 고등학교 은사 올스테드 선생님의 교육 방식과 유사하다. 고급물리학을 가르치신 올스테드 선생님은 팔방미인이셨다. 도자기 빚는 것이 취미였고, 상당한 수준으로 피아노 연주도 했으며, 가라테도 배우셨다. 그는 학생들이 집에서 취미로 연주하는 악기나 운동기구를 가져오게 해 작동원리를 물리학에 입각해 설명해주시곤 했다. 예를 들어 가라테 선수가 상대편을 던질 때 낮은 자세와 원형의 움직임을 선호하는 것은 어떤 물리학적 이치에 따른 것인지 등을 설명하면서 가라테 선수가 던진 사람이 시속 몇 킬로미터로 땅에 떨어지는가를 계산하도록 하는 재미있는 문제를 내 학생들의 과학에 대한 흥미를 높여주셨다. 올스테드 선생님은 과학은 사물을 관찰하는 여러 방법 중 하나임을 강조하셨다. 가라테의 원리를 끊임없이 교체되는 음과 양의 이치로 볼 수도 있지만, 물리학 공식으로 설명할 수도 있다는 식으로 설명한 것이다. 올스테드 선생님은 과학 공부를 많이 할수록 자연의 이치를 설명하는 언어들이 복잡하고 다양해 보이지만 결국은 하나라는 것을 알 수 있다고 가르쳐주신 고마운 분이다. 우리나라 중·

고등학교에서 과학을 그런 식으로 가르치지 않는다고 해도 다행히 지금은 미국에서 제작되는 디스커버리 채널을 쉽게 볼 수 있다. 디스커버리 채널만 잘 활용해도 올스테드 선생님 식의 교육과 비슷한 교육을 받을 수 있을 것이다.

과학적 마인드로 세계적 경쟁력을 길러라

'과학'이란 알고 보면 아주 단순한 학문이다. 세상을 보고 느낀 것이 진짜인지 아닌지를 가급적 정확한 방법을 찾아 실험해보고 사실 여부를 밝히는 과정이다. 보이는 대로 믿지 않고 여러 방법으로 실험하고 검증해본 후 믿을 것인지 아닌지를 판단하는 학문이라고 생각하면 과학 공부가 쉬워질 것이다. 따라서 과학 공부를 잘하고 싶으면 매사를 실험하고 검증하는 과학적 마인드부터 기르는 것이 좋다. 사소한 것도 검증하고 새로운 시각으로 바라보다 보면 자기도 모르게 과학적 마인드가 생겨 과학을 대하는 태도가 달라질 것이다. 과학적 마인드를 갖는 과정은 KBS 〈스펀지〉 같은 과학을 오락처럼 다루는 텔레비전 프로그램을 시청하는 것으로 시작하는 것도 도움이 된다. 처음에는 그렇게 오락적으로 접근해서 과학적인 것에 관심을 갖도록 한 다음 디스커버리 채널을 보며 과학의 기본을 익히면 차츰 과학적 마인드가 굳어질 것이다. 나는 디스커버리 채널 시청과 자동차·컴퓨터·통신기기 등 각종 과학 관련 잡지를 정기 구독해서 과학적 마인드를 굳힐 수 있었다. 요즘은 과학 방송이나 전문 잡지가 많아 마음만 먹으면 쉽게 과학적 마인드를 기를 수 있다.

'과학'은 삶의 지혜를 발전시키는 실용적인 학문이다. 〈뉴욕타임스〉 베스트셀러 작가인 피터 왓슨 박사는 12년 전에 출간해 미국 전역에서 인기를 끈 베스트셀러 《현대적 사고》에서 "현대적 사고의 진화는 과학적 사고의 진화와 정제를 말한다"고 밝혔다. 같은 사물을 보더라도 과학적 사고를 통해 보고 과학적인 언어로 설명할 수 있는 능력을 진보, 또는 선진 사고라고 주장한 것이다. 과학을 뜻하는 영어 단어인 'science'는 라틴어 'scientia'에서 유래했으며, 말 그대로 '아는 것'이란 뜻이다. '아는 것'이란 어떤 현상과 사실을 이해하고 활용할 줄 안다는 말로, 지식이나 지혜를 뜻하는 라틴어 'sapientia'와 상반된 의미로 사용되었다. 보통 과학 교육자들은 과학이라는 학과목이 13세기 철학자인 로저 베이컨으로부터 시작되었다고 주장한다. 베이컨과 함께 과학의 창시자로 인정받는 철학자는 윌리엄 오브 오컴이다. 그는 당시 사람들이 이미 오랫동안 믿어온 관념대로만 사물을 바라보기 때문에 거짓과 진실을 구별할 수 있는 능력을 기를 수 없다고 생각했다. 그래서 사물을 제대로 관찰하려면 완전히 객관적인 눈으로 관찰할 수 있는 능력을 길러야 한다고 주장했다. 오컴은 이런 비판적 사고의 중요성을 일깨우고 현대인의 과학적 사고의 기초가 된 '오컴의 면도날'이라는 주장으로 오늘날의 과학 과목의 기틀을 세웠다. '오컴의 면도날'은 눈에 보이고 손에 잡히는 대로 믿고 설명하지 말고 사물에 대한 정확한 이해와 객관적 관찰을 위해 반드시 실험으로 사실 여부를 증명해야 한다는 내용이다. 그가 발견한 이 논리는 인간의 비판적 사고를 길러 전체적인 사고력 확장에 크게 기여했다. 내가 과학의 진화에 대해 장황하게 설명한 이유는 과학이 절대로 일상생활과 동떨어진 학문이 아니라는 것을 강조하기 위해서다. 과학은 지식이 신에게 부여받은 타고난 재능이 아니라 스스로 진리를 찾기 위해 노력하고 관찰해 독립적 사고와 객관적 판단력을 길러서 얻는 재능임을 보여준다.

　과학이 세상을 지배하는 요즘, 과학 공부가 어렵다면 재미있는 과학 이야기나 과학자들의 일대기를 다룬 책을 읽어 과학적인 마인드부터 기른 후 과학 공부를 하는 것이 좋다. 과학적 마인드에 입각해 과학적 사고를 기르면 과학의 기본 원리를 쉽게 터득할 수 있어 과학 공부를 컴퓨터 게임보다 더 재미있게 할 수 있을 것이다.

사회_ 사람을 읽는 학문, 상상력을 키워라

사회 과목은 사람 사는 것을 연구하는 학문이다. 사건이 일어난 연대보다는 사건의 확대 또는 축소 패턴, 사건의 경위 등을 중요시한다. 하나의 사건을 확실히 이해하고 거기에 상상력을 더해 사극 같은 이야기를 만드는 습관을 기르면 사회 공부를 사극 보듯 재미 있게 잘할 수 있다.

시공간의 경계 없는 상상력을 기르자

역사를 드라마나 영화나 소설이라는 장르에 담은 사극은 대부분 큰 인기를 끈다. 역사는 그만큼 우리가 겪을 수 있는 가장 드라마 틱한 이야기 소재다. 역사란 어제까지 일어난 사회의 모든 현상을 말한다. 어제까지 일어난 지도층의 다툼과 서민들의 일상이 모두 사극의 소재가 된다. 사극에서는 고구려의 무인 시대, 조선의 당 쟁, 신라의 왕실 등 우리나라 왕실의 이야기는 물론 로마의 시저와 안토니우스, 영국의 헨리 8세, 사자왕, 프랑스의 루이 14세, 나폴레옹 등 다른 나라의 왕실뿐만 아니라 당시 서민들의 삶도 다룬다. 그런 이야기들은 주로 기록을 재현하면서 상상이 더해져 만들어진다. 따라서 사회 공부를 잘하려면 상상력을 키워야 한다.

사람의 삶을 읽는 '사회' 공부

'사회'는 한마디로 말해서 개성이 다른 사람들이 모여 살며 나타나는 현상들을 알게 해주는 공부다. 개성이 서로 다른 수많은 사람들이 한곳에 모여 살면서 싸우지 않고 더불어 살려고 어떤 규범과 질서를 만들었고 지켰는가, 서로 다른 재능을 가진 사람들이 다른 사람들이 필요로 하는 물건들을 어떻게 만들어 공급하고 사용했으며 그들 사이에 오간 것들은 무엇인가 등을 배우는 과목이다. 사극에서 다루는 모든 현상을 현재 시점에서 배우는 것이 사회 과목이라고 이해하면 사회 과목을 공부하는 것이 쉬워질 것이다.

사람들은 인류 최초로 같은 땅에 정착한 서로 다른 사람들이 갈등하지 않고 사이좋게 사는 방법을 제시한 소크라테스를 최초의 사회학자라고 본다. 그리고 그의 제자 플라톤이 쓴《공화국》을 최초의 사회 교과서라고 본다. 사회 과목 중 '윤리'는 다른 사람들과 갈등하지 않고 살기 위한 개인들의 행동 규범을 배우는 공부고, '사회과학'은 사회 전체가 움직이는 것을 관찰하고 이론으로 만드는 과정을 배우는 공부다. 사회 과목이 중요한 이유는 국가의 정책, 같은 곳에 사는 다른 사람들과의 관계, 이웃 도시나 이웃 나라의 정책, 그곳에서 사는 사람들의 사고방식 등이 우리 개개인의 삶에 깊은 영향을 미치며, 다른 사람들의 생각이나 사는 방식을 알아야 다가올 위험에 대비할 수 있고 서로 간에 싸움이 벌어져도 해결의 열쇠를 쥔 사람이 누구인지를 바로 찾아내 문제를 해결할 수 있기 때문이다.

사회 공부를 하면서 우리는 같은 나라 안에 사는 사람들은 대부분 같은 민족이며 같은 언어를 사용하고 같은 문화를 가졌으며, 그 나라는 세계의 일부에 속한다는 것을 알게 되었다. 뉴욕 대학 고대 역사학의 캐서린 플레밍 교수는 지도 위에 국가라는 가상의 선을 그어놓고 선 안의 땅에 사는 사람들끼리 역사·문화·언어적 공통점을 만들고 자신들을 다스릴 정부를 세우기 시작한 것은 불과 200년도 안 된다고 말했다. 그의 주장은 국가 시스템이 만들어지려면 국경까지의 정확한 지도를 만들 줄 알고 지도에 그어진 경계선을 지킬 수 있는 기술이 있어야 하는데, 200년 전만 해도 세계의 기술 수준이 거기에 미치지 못했다는 뜻이다. 국가 시스템이 생기기 전까지의 사회 공동체는 왕국, 제국, 그리고 도시국가 등이었다. 그중 최초의 문명사회 공동체들은 대부분 도시 자치제의 형태를 띠었다. 그러다가 강한 도시 자치 국가가 약한 도시 자치 국가를 침략해 그곳 사람들에게 세금을 거두고 충성을 맹세받으며 세력을 키우다가 왕국이나 제국으로 발전했다. 사회 공부를 재미있게 잘하려면 이런 기본적인 역사부터 알고 거기에 상상력을 보태는 방식으로 하는 것이 좋다.

사회 발전 과정을 이해하기 위해 역사적 사실에 상상을 보태는 방법을 하나 살펴보자. 우선 지금까지 사람들이 전혀 살지 않은 신대륙이 있는데 말을 신으로 섬기는 말족과 소를 신으로 섬기는 소족이 이동해왔다고 상상해보자. 말족은 말과 함께 떠돌며 과일을 따 먹고 짐승을 사냥하며 어렵게 살다가 강이 유유히 흐르는 긴 초원의 신대륙을 발견한다. 그들은 이곳에서 말 먹이를 구하기 쉽고, 인간들이 먹을 수 있는 과일들도 많으며, 때때로 부근에 사는 사슴들이 떼를 지어 왔다 갔다 하면서 먹이가 되어 주기 때문에 다른 곳으로 이주할 필요성을 느끼지 못한다. 그래서 눌러앉아 농사를 짓기 시작하고, 오래 살다 보니 집이 필요해져 자연스럽게 말 동네가 이루어졌다. 비슷한 시기에 이웃으로 이주한 소족 역시 그런 방식으로 소족 동네를 세웠다. 소족은 가장 용맹한 전사를 지도자로 뽑아 반역하는 사람이 있으면 가차 없이 죽이는 제도를 만들었다. 그들은 전사들에게 끊임없이 싸움을 하도록 해 가장 용맹한 자를 지도자로 앉히는 제도를 만들었다. 역사적으로 고대 도시 국가들은 대부분 그런 형태를 유지했다. 최초의 '사회'들은 힘

없는 사람들이 힘 있는 사람에게 권력을 몰아줘 이들에게 보호받
으려는 실용적인 목적으로 만들어졌다. '압박론(coercion theory)'
이라고 불리는 이러한 이론을 주장한 사람 중 가장 유명한 사람으
로 영국의 사회학자 홉스를 꼽을 수 있다. 지금까지 발견된 옛 도
시 국가와 그곳에 살던 사람들에 관한 기록들로 볼 때 이 압박 이
론은 신빙성 있다고 할 수 있다. 이 이론을 사회 공부에 도입하면
아주 쉽게 폭넓은 사회 공부를 할 수 있다.

어쨌든 사회 공동체는 이런 식으로 출발해 점차 왕국으로 발전
했다. 그러나 당시 도시 국가가 왕국으로 변했다는 사실을 그 안
에 살던 사람들은 알 수 없었다. 왕국으로 변한 국가 지도자들이
자신이 통치하는 곳을 '왕국'으로 지칭하기 시작한 것은 왕국이
만들어진 지 한참 후의 일이기 때문이다. 샤를마뉴 대제가 프랑크
제국을 만든 시대를 찬양한 〈롤랑의 노래〉가 있다. 이 노래는 롤
랑이라는 가톨릭 장군이 이슬람 전사들과 전투하다 목숨을 잃는
다는 줄거리로 이뤄져 있다. 롤랑의 희생을 통해 샤를마뉴 대제가
스페인의 이슬람교도들을 평정했다는 사실을 널리 전하려고 일부
러 만든 이야기가 전설로 내려오고 있다. 이 전설의 제목을 프랑
스어로 읽어보면 샤를마뉴 대제를 가리키는 두 개의 수식어가 나
란히 사용된 것을 볼 수 있다. 그중 하나는 프랑스어로 '왕'을 뜻
하는 'roi'다. 다른 하나는 당시 유목민의 부족장을 뜻하던 'chef'
다. 이 단어는 오늘날 직장 상사를 지칭하는 말로 변했다. 학자들

은 이런 단어들을 추적해 부족 세계와 왕국은 큰 차이가 없음을 밝혀냈다. 왕국은 대체로 왕의 가족들이 주변의 비옥한 땅을 찾아 그곳에 눌러앉아 도시를 세우면서부터 생겼다. 왕국은 대체로 같은 민족이 세운 도시들의 연합이기 때문에 언어와 문화적으로 공통점이 있는 경우가 많다.

예를 들어 말족의 첫 부족장에게 두 명의 아들이 있다고 생각해보자. 큰아들은 말 동네를 다스리게 되지만 둘째 아들은 그것을 물려받을 권한이 없는 문화라면, 둘째 아들은 자기를 따르는 사람들을 거느리고 멀리 떠나 다시 비옥한 땅을 찾아야 할 것이다. 그는 새로운 곳에 정착해 동네를 세우고 그곳을 신(新) 말 동네라고 불렀다. 신 말 동네는 말 동네와 부자 관계이기 때문에 자주 왕래한다. 그러면 신 말 동네와 오리지널 말 동네는 두 개의 도시를 가진 왕국으로 업그레이드된다. 만약 말 동네 부족장이 말 동네 사람들을 소 동네로 끌고 가 그곳의 장정들을 다 죽이고 부족장을 신하로 만들었다면 말 동네는 말 제국이 되며 세 개의 도시를 거느리게 된다. 이런 식으로 계속해서 다른 도시와 왕국들을 점령하는 데 성공하면 제국은 계속 팽창할 것이다. 그러는 과정에서 수하에 여러 언어를 쓰는 다양한 문화가 들어온다. 로마제국이 그랬다. 로마제국을 소재로 한 영화 〈글래디에이터〉나 〈벤허〉를 보면 같은 로마에 사는 사람들끼리도 다른 언어를 사용하고 민족도 달라 다른 의상과 다른 문화 습관을 가지고 살았다는 것을 알 수 있다. 로마는 각기 다른 민족의 문화를 동시에 받아들여 자기의 것으로 만들고 발전시켰다. 로마의 구속을 받지 않고 자유롭게 살던 유목 민족들은 로마의 감시가 미치지 않는 계곡이나 높은 산에 도시를 세우고 로마와 관계없는 자치 국가를 만들어 살았다. 다시 말하면 로마제국의 진짜 영토는 로마의 성벽 안과 요새들 안에 있어 로마 병사들이 언제든 신속히 달려가 로마법을 시행할 수 있는 곳들로 한정되어 있었다. 당시 로마 이외의 제국들은 도시 국가의 문화를 변화시키거나 언어·법률 등을 강요하는 일이 드물었고, 제국에서 시키는 대로 군사적으로 협조하고 세금이나 바치고 제국의 수도와 약간 불리한 조건으로 무역을 하면서 이런 조건을 어길 때만 군사를 몰고 들어가 말 잘 듣는 지도자로 교체하는 정도의 영향력을 행사했다.

사회 과목은 이처럼 사람 사는 것을 연구하는 학문이다. 사건이 일어난 연대가 중요한 것이 아니라 사건의 확대 또는 축소 패턴, 사건의 경위 등이 더 중요하다. 그 때문에 하나의 사건을 확실히 이해하고 거기에 상상력을 더해 사극 같은 이야기를 만드는 습관을 기르면 사회 공부를 재미있게 잘할 수 있을 것이다.

21세기의 인재상 '통섭형 인재' 되기

좌뇌 · 우뇌 영역을 나누지 말라

두뇌 기능은 칼로 자르듯 정확히 가를 수 없다. 다시 말해 자극을 받으면 뇌의 모든 부분이 동시에 작동한다. 모든 분야의 지식을 갖춘 통섭형 인재가 각광받는 21세기에 두뇌의 기능을 가르고 학문의 경계를 중시하는 것은 어리석은 행동이다.

두뇌 기능은 가를 수 없다

나도 그랬다. 어릴 때 내가 산수 성적이 좋지 않게 나올 때면 어머니는 "너는 문과 체질이야"라고 말씀하셨다. 그런데 나중에 알고 보니 나는 이과 체질이기도 했다. 나처럼 많은 학생들이 '나는 문과 체질' '너는 이과 체질'로 나누고 자신의 체질에 안 맞는다고 생각되는 공부는 기피한다. 일반적으로 운동을 잘하는 사람은 운동 기능을 조정하는 대뇌 밑에 붙어 있는 소뇌가 발달되어 있고,

언어 능력이 뛰어난 사람은 언어 논리와 수 논리를 조정하는 좌뇌가 발달되어 있으며, 미술적인 공감각과 감성은 우뇌가 관장한다고 과학적 근거를 들어 설명하는 전문가들이 있다. 그 말만 믿고 체질에 맞지 않는다며 특정 과목의 공부에 흥미를 잃은 학생들이 늘어나면서 자기 분야 이외의 지식에는 문외한인 사람들이 많아지고 있다.

다행히도 최근의 뇌 과학은 사람의 두뇌 기능은 칼로 자르듯 정확하게 가를 수 없다는 사실을 증명해냈다. 어떤 한 과목을 공부하면 뇌의 모든 부분이 거의 동시에 작동을 한다는 사실이 밝혀진 것이다. 만약 국어 공부를 한다면 눈으로 본 글씨는 일단 언어 논리를 조정하는 좌뇌로 들어간다. 여기서 글씨가 의미로 바뀌면서 감성을 관장하는 우뇌로 들어가 반응을 얻는다. 이 반응은 다시 좌뇌로 옮겨져 언어 논리로 전환된다. 그리고 다시 감성 영역인 우뇌로 들어가 감성적 언어로 표현된다. 어떤 과목의 공부도 어느 한쪽 뇌 기능만 사용하지 않고 모든 뇌를 동시에 사용하는 것이다. 단지 국어를 공부하면 언어 논리부터 이해해야 하기 때문에 좌뇌 기능을 더 많이 사용하고 우뇌 등 다른 부분은 덜 사용할 뿐이다. 그래서 좌뇌를 혹사해 기능이 저하되면 그쪽 뇌를 더 많이 사용해야 하는 과목이 싫어지기도 한다. 그러나 이것만 조절하면 얼마든지 전 과목을 다 잘하는 통섭형 인재가 될 수 있다.

현대는 다방면에 출중한 통섭형 인재를 요구한다

르네상스 혁명이 일어나기 전은 물론 르네상스 시대 중반까지도 유럽은 세계사적으로 볼 때 문화·기술 면에서 가장 뒤처진 대륙이었다. 그들이 가장 부러워한 곳은 놀랍게도 아시아였다. 그런 유럽이 오늘날 세계의 정신문화를 이끌고 그들이 부러워하던 동양 문화에까지 커다란 영향을 미치게 된 이유는 무엇일까? 바로 르네상스 시대 중반에 나타난 르네상스 정신에서 그 원인을 찾을 수 있다.

당시 르네상스를 꽃피운 이탈리아에서는 극소수의 엘리트들만이 그리스어를 쓸 줄 알았다. 고등교육을 받은 사람들은 라틴어를 사용했고, 그보다 더 학식이 높은 사람들은 고대 그리스어를 사용했다. 당시 유명한 화가였던 안드레아 만테냐는 자신이 그린 개선문 벽화에 마르쿠스 비트루비우스라는 로마 건축가의 저서에 제시된 미적 균형 비율을 그대로 적용했다. 만테냐는 이 그림에 자신이 역사·수학·그리스어를 두루 습득한 지식인임을 여러 방법으로 암시해두었다. 또한 건축가이며 조각가, 그리고 대장장이로 활동하던 필리포 브루넬레스키는 수학의 원리와 시각에 관한 과학을 두루 공부해 입체를 2차원으로 나타내는 원근법을 발명했다. 이처럼 당시의 이탈리아에서는 예술에 대한 시각이 기능의 영역을 초월해 철학과 문화의 기반을 둔 지적 활동으로 인식되는 전

환기를 맞으며 르네상스 시대가 크게 꽃피었다. 그동안 단지 석수장이로 취급받던 건축가나 화가, 조각가들이 지식인의 대열에 합류하면서 르네상스 정신이 완성된 것이다.

미국이 짧은 역사를 가지고도 크게 발전할 수 있었던 원동력은 프로 정신(professionalism)이다. 미국의 프로 정신 역시 자신이 하는 일에 모든 지식과 혼을 바쳐 충실히 임해야 한다는 르네상스 정신의 산물이다. 대를 이으며 전통을 지켜온 이탈리아의 수공업 제화공과 재단사들은 지금도 단순히 구두나 옷을 만들어 팔아 생계를 유지한다고 생각하지 않고 옷이나 구두의 기하학적 원리와 구두와 옷이 인간에 미치는 영향에 대한 지식을 연마하고 발전시킨 결과물로 세계 패션을 재패하고 있다. 현대 사회에서 '르네상스 맨'은 다방면에 뛰어난 재능과 지식을 가진 사람을 지칭하는 말이 되었다.

그렇다면 여러 개의 외국어를 능숙하게 구사하고 운동은 물론, 역사 · 수학 · 공학 · 기계학 등까지 능통한 르네상스 맨들은 모두 타고난 천재들일까? 다방면에 뛰어난 슈퍼 지식인들이 같은 시대 같은 지역에서 대량 배출되었다는 사실은 그들이 타고난 천재들이라기보다는 사람들의 지적 발전을 돕는 그 '무엇'을 발견했기 때문이라고 보아야 한다. 후대에 그 무엇이 바로 르네상스 정신임이 밝혀졌다. 르네상스인들은 모든 공부를 좌뇌 · 우뇌 영역으로 나누지 않고 억제되지 않는 호기심과 개개인의 영혼과 철학, 그리고 자유로운 생각을 표현하려는 열정을 가지고 여러 분야에 걸쳐 두루두루 공부했다. 그리고 지금 산업화 시대, 정보화 시대를 넘어 다시 문화의 시대로 돌아오면서 르네상스식 통섭형 인재만이 살아남을 수 있는 세상이 되었다.

과목의 경계를 허물라

발명왕 에디슨은 뛰어난 수 논리력을 가졌다. 세상을 바꾼 기술인 전기 등을 발명한 사람이어서 과학과 수학을 관장하는 좌뇌가 유난히 발달되었을 것으로 믿을 수도 있다. 그러나 그의 수학 성적은 거의 꼴찌 수준이었다. 좋아하고 싫어하는 분야를 미리부터 나누는 방법이 생체적 진실에 기반을 두지 않았음을 보여주는 예다. 이러한 사실을 모르고 언어와 수리가 완전히 다른 부분의 두뇌 기능을 사용한다고 믿으면 어느 쪽 뇌가 더 발달했다고 믿느냐에 따라 잘하는 과목에 몰두하게 돼 그 과목만 잘하게 되기 쉽다. 그렇게 되면 결국은 하나로 연결되는 지식 확장의 길이 막혀 열심히 공부해도 토막 지식만 쌓을 수밖에 없다. 그러나 실제로는 국어와 수학 공부에 필요한 두뇌 기능이 별반 다르지 않다는 것을 알면 다양한 공부로 통섭형 인재가 되기 쉽다. 국어는 하나의 생각을 표현하는 그림이나 소리 사용법이 기본이다. 여기서 그림은 글자,

소리는 말이다. 국어는 그 글자와 소리를 사용하는 방법과 규칙을 배우는 것이다. 그렇다면 수학은? 수학은 수에 대한 생각을 표현하는 그림을 숫자라 하고, 그 숫자들이 가지고 있는 상관관계나 규칙, 즉 숫자의 문법을 '공식'이라고 할 뿐 근본적으로 국어와 같은 것이다.

크게는 문과와 이과, 작게는 여러 단위로 분리된 학과목들은 원래 철학 한 과목에서 나왔다. 고대 그리스 시대에는 모든 지식은 단 하나의 생각에서 갈라져 나온 것으로 보았다. 뉴턴이 사과가 나무에서 떨어지는 것을 보고 모든 중력을 가진 물체를 지구가 끌어당긴다는 더 광범위한 지식을 깨달은 것에 비유할 수 있다.

시대가 변하면서 공부를 많이 한 지식인들이 늘어나자 학자 간에 의견이 맞지 않아 서로 과목을 나누기도 했다. 따라서 어느 한 분야의 공부만 하면 반쪽짜리 지식밖에 갖지 못한다. 좋아하는 과목과 싫어하는 과목, 좋아하는 분야와 싫어하는 분야도 마음먹기에 따라 얼마든지 잘할 수 있다. 못하는 과목이나 분야도 관련 잡지나 전문 서적을 찾아 읽으면 어렵지 않게 흥미를 되살릴 수 있다. 나는 자신 없는 과목이나 분야를 발전시킨 위인들과 학자들의 책을 많이 읽어 그 경계를 극복했다. 독서를 통해 싫어하는 분야에서 업적을 남긴 사람들의 생각을 꿰뚫게 되자 그 과목이나 분야가 추구하는 논리의 흐름을 어렵지 않게 찾을 수 있었다.

좋아하지 않는 과목일수록 자기도 모르게 수업 내용을 따라가지 않고 다른 데 정신이 팔려 해석의 혼돈을 가져와 그 과목의 논리를 놓치지 않도록 주의해야 한다. 이 두 가지 노력은 겉보기에는 지겨워 보여도 진짜 지겨운 과목이나 분야는 없다는 것을 깨닫게 하는 가장 좋은 방법이다. 학생이라면 그날 공부한 내용을 그때그때 철저히 이해하고 강의의 흐름을 제대로 파악하도록 두뇌를 활용하는 습관을 길러두어야 공부를 잘할 수 있다. 미리부터 어떤 과목은 쉬운데 어떤 과목은 자신 없다고 생각하거나, 앞으로 어떤 분야에 진출해야만 성공할 수 있다고 단정 짓는 것은 정말로 위험한 행동이다. 누구나 철저한 자기 분석을 통해 생각의 흐름을 조정하고 관리하면 넘지 못할 분야가 없기 때문이다.

생각을 확장하라

모든 학문은 인간의 생각과 연결되어 있다. 따라서 공부를 정말 잘하려면 사소한 지식에도 반드시 자기만의 생각을 더해 오래 기억하도록 노력하자. 이런 식으로 모든 것을 다시 생각해 새롭게 정의하다보면 진정한 공부의 의미를 깨닫게 될 것이다.

자신의 생각을 더해 지식을 소화하라

공부를 잘하려면 집중력이 높아야 한다고 믿는 사람들이 많다. 그러나 단순히 집중해서 교과서를 열심히 읽고 문제를 많이 푼다고 해서 공부를 잘할 수 있는 것은 아니다. 한 가지를 배워도 오랫동안 정확한 사실을 기억해야 공부를 잘할 수 있다. 이미 남이 만들어놓은 지식을 기계처럼 반복해서 암기하는 방법은 쉽게 집중할 수 있지만 지속적으로 기억하기는 어려워 공부의 효과가 반감된다. 대부분의 학교가 주어진 커리큘럼 안에서 시험문제를 내고 시험 성적으로 지적 능력을 측정하기 때문에 배운 것에 자신의 생각을 보탤 필요가 없다고 생각하기 쉽다. 그러나 누구보다 열심히 읽고 공식도 충분히 외웠기 때문에 수업 시간에는 배운 내용을 다 이해한 것 같은데 돌아서면 기억이 나지 않는다면 무슨 소용이 있겠는가? 잠깐 책을 보고도 그 내용을 오래 기억할 때 다음에 배운 지식과 더해져 지적 능력이 향상된다.

기억을 오래 붙들어두기 위한 생각 확장 방법을 간단한 예로 설명해보겠다. 마르크스 이론을 공부한다고 치자. 마르크스 이론에서 부르주아라는 용어는 대단히 중요하다. 부르주아의 사전적 의미는 '금전이나 물리적인 자산을 이용해 돈을 버는 사람'이다. 그러나 이런 식의 정의를 달달 외우기만 하면 제대로 다시 기억나지 않는다. 문장을 볼 때는 뜻을 다 아는 것 같은데 부르주아의 진짜 의미는 이해하지 못해서다. 부르주아라는 단어의 의미가 저절로 오래 기억되도록 하려면 여기에 자신의 생각을 보태 자기 것으로 소화하는 과정을 거쳐야 한다. 부르주아의 사전적 의미에 하나의 생각을 보태보자. 마르크스 이론에서 나오는 '부르주아'란 빵집 또는 식당 등 물리적 자산을 가진 사람을 말한다. 자기의 빵집이나 식당이라는 자산을 가지고 종업원들을 고용해 노동 임금을 지불하고 빵이나 음식을 만들어 팔아서 이윤을 남기는 사람은 다 부르주아다. 그렇다면 큰 로펌에서 일하는 변호사도 부르주아일까? 아니다. 그들은 빵집이나 식당 종업원과 같은 계급인 노동자다. 로펌을 통해서 자신의 노동력을 팔기 때문이다. 엄밀히 말하면 빵집 주인은 부르주아, 로펌에 고용된 변호사는 노동 계급인 프롤레타리아에 속한다. 부르주아의 개념을 이런 식으로 이해하면 시간이 아무리 오래 지나가도 그 의미가 잊히지 않을 것이다. 자기 스스로 인생 목표를 세우고 그것을 달성하려는 생각을 가지고 습득한 지식은 영혼이라는 천에 사용된 한 가닥의 실처럼 자신의 일부가 된다.

철학과 미술의 차이를 보여주는 것 중 '철학은 내부적이고 미술은 외부적이라는 것뿐'이라는 말이 있다. 철학은 우주라는 한 가지 현상을 바라보는 무한하게 많은 생각 중 하나로, 선택의 이유를 서술하는 것에 불과하며, 미술은 그런 현상들을 그림과 기호·건물 등으로 보여주는 것을 말한다는 것은 이 분야의 석학들이 오랫동안 인정해온 사실이다. 모든 학문은 인간의 생각과 연결되어 있다. 따라서 정말로 공부를 잘하려면 사소한 지식을 습득하더라도 반드시 자기만의 생각을 보태 오래 기억할 수 있도록 노력해야 한다. 당장 '인재', '집중', '공부', 그리고 '성취'라는 아주 쉬운 단어의 의미부터 스스로 생각해서 다시 정의해보고 스스로 자신을 르네상스 맨으로 키우는 방법이 무엇인지부터 생각해보자. 그런 식으로 모든 것을 다시 생각해 새롭게 정의하다 보면 진정한 공부의 의미를 깨달을 수 있을 것이다.

생각할 줄 아는 사람이 세상을 지배한다

세상에서 처음으로 민주주의란 개념이 거론된 것은 18세기다. 당시 서양 사람들은 권리와 의무를 제대로 이해하는 사람들만이 전제군주의 핍박에서 자유로울 권리가 있다는 자각을 하기 시작했다. 그때까지만 해도 귀족의 핏줄을 이어받지 못한 사람들은 인간의 권리와 의무, 정치 원리 같은 것을 잘 알아도 귀족의 수하 노릇을 해야만 했다. 그래서 대부분의 사람들은 진정한 자유를 얻을 수 없었다. 그러나 지금은 귀족의 핏줄이 아닌 사람도 자신의 권리와 의무, 사회와 정치의 원리를 잘 알고 있으며, 그 원리 안에서 자신의 위치를 제대로 파악할 줄 알면 자유롭게 살 수 있다.

사회가 이렇게 변한 20세기 후반의 역사는 투철한 개인 의지, 독자적인 창의성과 사고력을 키운 사람들이 어떻게 세상을 바꾸었나 하는 이야기로 채워져 있다. 뚜렷한 주관과 누가 뭐라고 해도 흔들리지 않는 신념을 실현한 사람들이 세상을 자기 방식으로 이끌 수 있게 된 것이다. 물론 생각할 줄 아는 사람이 세상을 지배하는 현상은 전혀 새로운 일이 아니다. 인류는 고대로부터 생각할 줄 아는 사람과 남의 뒤따르는 사람 두 부류로 나뉘어 있었다. 민주주의가 실현되기 전에는 자기 생각대로 국정을 결정할 수 있는 왕과 귀족들이 있었고 이를 따라야 하는 백성들이 있었다. 혈연 중심의 계급사회가 무너지고 누구나 지도자가 될 수 있는 민주주의가 실현되자 스스로 생각하고 자기 생각을 실천할 줄 아는 계몽주의자들이 지도자로 부상했다. 이처럼 이미 오래전부터 생각하는 능력이 학교 성적보다 더 중요한 성공 요인임이 증명되어왔다. 계몽주의 시대의 철학자 임마누엘 칸트는 "계몽이란 관례에 의지하는 것을 벗어나 독립적인 사고를 폄으로써 규율이라는 쇠사슬에서 벗어나는 것을 뜻한다"고 말했다.

모든 공부는 개인의 독창적인 생각을 누구나 이해하기 쉽게 전달하는 것을 목표로 한다. 공부란 자기 생각을 자유롭게 표현하기 위한 준비 작업이다. 따라서 생각이 없다면 정규 과정 공부를 우수한 성적으로 마쳐도 배운 것들을 자기 생각으로 표현하지 못해 사회적인 인정을 받기 어렵다. 이처럼 공부와 생각은 따로 떼어낼 수 없는 상호 작용의 관계에 놓여 있다.

컴퓨터 그래픽 프로그램은 원·곡선·직선 등을 그릴 수 있고 불빛의 위치를 어느 정도 조정할 수 있는 한정된 몇 가지의 기능만 가지고 있다. 그래픽 디자이너는 이 기본 기능들을 최대한 자기 방식으로 응용해 자신의 머릿속에서 구상한 멋진 작품을 만들어낸다. 생각과 공부도 마찬가지다. 표현 욕구인 생각과 표현을 도와주는 공부의 원활한 상호 작용이 일어날 때만 지식의 깊이가 향상되는 것이다.

공부는 세상을 보는 눈을 갖는 과정

나는 쉬운 문제 하나를 풀어도 답이 하나 나오면 반드시 다른 방법은 없는지 다시 생각해본다. 해외에서 살면서 문화 충돌 문제가 생긴 경우, 해결된 후에도 '동양과 서양은 근본적으로 무엇이 다른가?'를 생각하고 국제 이슈를 다루는 뉴스를 보며 '후진국의 가장 큰 문제는 무엇인가?' 등의 문제를 내 방식대로 다시 생각하고 정의해본다. 나는 평소에 당연하게 생각했던 일도 '왜 그럴까'라고 생각하며 의심하는 습관을 들여 한번 알게 된 지식은 두고두고 기억할 수 있다. 살아간다는 엄연하고 당연한 사실을 두고 '우리는 왜 사는 것일까?', '우리는 진짜 살아가는 것일까?'라고 생각해보고, 그에 대한 객관적 답변을 찾고 싶어 하는 것이 인간이다. 공부하며 자기 생각을 보태는 것은 그리 어려운 일이 아니다. 새로운 것을 알게 되거나 새로운 일을 접할 때마다 내 방식으로 다시 생각해보는 작은 실천들이 나에게 공부라는 것은 세상을 제대로 보려는 눈을 갖는 과정이며 하나의 현상 위에 누군가가 그려놓은 창조적인 작품을 감상하는 것과 같은 재미있는 것이라는 깨우침을 가져다주었다. 객관적인 사고력은 나를 일깨우고 나를 나답게 만드는 핵심 에너지며 그것을 키우기 위해 사람들은 공부하는 것이다.

데이터 접속 능력을 높여라

같은 컴퓨터를 가지고 있어도 어떤 운영체제를 쓰느냐에 따라 효율성에서 엄청난 차이를 보인다. 하드웨어, 즉 두뇌 자체도 중요하지만 그것을 최적화하는 방법을 훈련하면 신의 경지에 버금가는 '포토그래픽 메모리' 못지않은 암기력을 가질 수 있다.

지식 습득 3단계, '데이터 수집—정보화—지식화'

메모리가 큰 컴퓨터를 가졌다고 해서 컴퓨터를 잘 사용할 수 있는 것은 아니다. 적은 메모리의 낡은 컴퓨터로도 접속 방법을 잘 알면 메모리가 큰 컴퓨터보다 더 유용하게 사용할 수 있다. 공부도 마찬가지다. 외우고 있는 것이 많다고 해서 공부를 잘하는 것이 아니다. 외운 것을 확장하고 응용할 줄 알아야 적게 외우고도 공부를 더 잘할 수 있다.

　미국에서 교육을 받으면 세 단계를 통해 지식을 얻는다고 배운다. 그 첫 단계는 데이터 수집이다. 데이터란 의미 없이 나열된 숫자·인용문·단어 등을 말한다. 두 번째 단계는 정보화다. 데이터는 그 자체만으로는 아무짝에도 쓸모가 없다. 정보화란 여러 가지 데이터에서 뽑아낸 쓸모 있는 패턴·표현·관찰들의 집합체를 만들어내는 작업이다. 마지막 단계는 그렇게 만들어진 정보를 유용하게 사용하고 자기 것으로 만드는 최종 판단력이다. 미국인들은 이 마지막 단계를 '지식'이라고 한다. 단어의 사전적 정의, 문법 등이 데이터라면 문장을 보고 해석하는 능력은 '정보'며, 그 정보를 필요할 때 끄집어내 유용하게 사용할 수 있는 능력은 '지식'이다. 모든 데이터는 정보로 연결되고, 하나의 정보는 다른 정보와 연결되어 있다. 뇌 과학자들은 일단 머릿속에 데이터가 입력되면 절대 없어지지 않는다고 주장한다. 기억이 변질되는 일은 있어도 데이터가 사라지는 일은 없다는 것이다. 그러나 데이터를 재생하는 능력인 접속 능력은 이와 다르다. 두뇌는 세상에서 가장 효율적인 기계이지만 가장 게으른 기계다. 외부에서 들어오는 자극에 어떻게 반응할지 거의 예측하지 못한다. 두뇌는 스스로 데이터에 직접 접속하는 능력이 거의 없다. 가끔 입에서 뱅뱅 돌면서 기억이 안 나는 경우 누군가가 슬쩍 힌트를 주면 기억에 되살아나는 일을 경험해봤을 것이다. 이처럼 누군가가 유도해주어야 뇌 속 정보들은 어떤 흐름을 타고 데이터에 접속할 수 있다.

풍요 속의 빈곤, 주입식 교육의 맹점

우리는 여전히 데이터 저장량을 높이는 주입식 교육에서 벗어나지 못하고 있다. 주입식 교육이란 데이터의 저장 양을 늘리는 것을 교육의 전부로 여긴다. 주입식 교육에 의존하면 똑바로 줄 맞춰 앉아 현실적으로 쓸모가 없는 수치나 정보들을 무엇 때문에 외워야 하는지도 모르면서 억지로 외워 데이터는 엄청나게 많아지지만 접속은 못 하는 상황에 처하게 된다. 한 고등학생이 나에게 영어 학원에서 이틀에 200개씩 단어를 외워 오라는 숙제를 낸다는 하소연을 해왔다. 미국 하버드 대학에서 조사한 결과 일상생활에서 사용되는 영어 단어는 약 3000개 정도라고 한다. 미국 명문 대학 졸업생은 1만 개 단어 정도를 자유자재로 구사할 수 있지만, 대학을 졸업하고 직장 생활을 하면서 사용하는 단어 수가 급격히 줄어 교육 수준이 높은 전문인이 사용하는 어휘도 전문용어를 제외하면 약 5000개에 불과하다고 한다. 하루에 영어 단어를 200개씩 외우면 50일 안에 미국에서 태어나 최고 학교 교육을 받은 전문인들만큼의 어휘를 사용할 수 있어야 한다는 계산이 나온다. 과연 우리나라 학생 중 그 정도로 영어를 잘하는 사람이 과연 몇 명이나 될까? 하루에 200개의 단어를 외우는 무모한 숙제는 데이터 양은 크게 늘릴 수 있지만 접속 방법을 몰라 데이터가 무용지물이 되도록 하는 헛수고만 하게 만든다.

기적의 영어 학습, 단어장·영영사전을 활용하라

많은 학생들이 외국어 어휘력을 늘리려고 머리 한쪽에 단어를 놓고 반대쪽에 그 풀이를 놓는 방식으로 단어를 달달 외운다. 그러나 외국인을 만나면 입이 얼어붙고 어려운 문장을 보면 겁부터 낸다. 나는 이런 문제를 해결하려고 미국에서 프랑스어를 배우며 낱말 카드를 만들어 카드 한 면에 쓴 단어를 보며 반대쪽에 적힌 풀이를 기억하는 방법을 사용했다. 그러자 단어 하나의 뜻뿐만 아니라 문장 속에서 변화하는 다양한 의미를 쉽게 이해할 수 있었다. 나는 내가 발견한 이 방법이 과연 효과적인지 확인하려고 우리나라 학생 중 어휘 공부를 많이 한 학생에게 영어 문장 하나를 보여주고 단어와 문장을 해석하도록 하는 실험을 해보았다. 놀랍게도 대부분의 학생들이 내가 보여준 문장 속의 단어를 거의 다 알면서도 문장은 제대로 해석하지 못했다. 학생들에게 그 문장에 사용된 단어들이 어떤 의미로 사용되었는지와 어원을 설명한 다음 이미 아는 단어의 의미들과 내가 제시한 문장에서 사용된 의미가 어떤 맥을 따라 연결되는지 설명하자 내가 제시한 문장들을 비교적 정확한 의미로 해석해냈다.

물론 단어라는 데이터 저장량이 많으면 언어 능력을 높이기가 쉽다. 그러나 외운 단어가 문장 속에서 어떻게 쓰이는지 모르면 외운 단어들이 아무리 많아도 쓸모 없다. 단어를 활용해 문장을 만들고 해석하는 능력은 데이터 접속 능력에 속한다. 영어에 서툰 사람이 단어의 정확한 의미를 이해하려면 단어나 문법을 많이 알아야 한다고 생각하기 쉽다. 그것이 다가 아니다. 이것들을 하나로 꿰어 맞추는 접속 능력을 따로 길러야 한다. 그 능력을 기르는 가장 쉬운 방법은 영한사전을 버리고 영영사전을 이용하는 것이다. 영어 초보자도 영영사전으로 단어를 찾으면 단어가 갖는 다양한 의미와 어원까지 이해하기 쉬워진다.

영어를 우리말로 풀어 단어를 외우는 방법을 권하지 않는 이유는 영어 단어는 문장의 모든 문맥에서 정확하게 같은 의미로 쓰이는 경우가 거의 없기 때문이다. 언어를 제대로 배우려면 어휘의 바른 이해와 문자 측면에서 단어가 어떻게 쓰이고 변형되는지 알려주는 바른 문법을 동시에 배워야 한다. 문법 · 어휘 · 듣기 · 말하기를 따로 떼어 외우는 것이 아니라 이를 통합해 논리에 맞추는 방법으로 언어 감각을 기르는 것은 데이터 저장과 접속을 동시에 가능하게 하는 살아 있는 공부다.

신의 암기력, 그림을 활용하라

물론 신의 경지에 버금가는 '포토그래픽 메모리' 능력을 가지고 태어난 사람들도 있다. '포토그래픽 메모리', 즉 한 번 본 것을 사진 찍은 것처럼 기억하는 능력을 가진 두뇌는 저장된 데이터에 마음대로 접속할 수 있어 놀라운 기억력을 보여준다. 그러나 뇌 과학자들은 포토그래픽 메모리를 가지고 태어난 사람들은 일반인보다 외우는 능력이 뛰어난 것이 아니라 기억하는 능력이 뛰어날 뿐이라고 주장하기도 한다. 그렇기는 하지만 외울 것이 많은 우리로서는 부러운 능력임에 틀림이 없다. 이런 포토그래픽 메모리는 후천적으로는 기를 수 없다. 포토그래픽 메모리의 특징인 두뇌가 직접 데이터에 접속하는 능력은 일상생활에는 큰 도움이 되지 않으니 크게 부러워할 필요는 없다. 그리고 후천적으로 데이터를 접속하는 능력을 기르면 '포토그래픽 메모리' 능력 못지않은 암기 능력을 기를 수 있으니 기죽을 필요도 없다.

두뇌가 직접 데이터에 접속할 수 없다면, 데이터를 운영하는 시스템을 구축하는 능력을 기르면 된다. 같은 컴퓨터를 가지고 있어도 운영체제로 리눅스를 쓰느냐, 윈도를 쓰느냐에 따라 메모리 접속 방법, 출력 방법 등이 완전히 달라지고 그에 따라 에러 발생 횟수와 속도도 엄청나게 달라진다. 하드웨어, 즉 두뇌 자체도 중요하지만 그것을 최적화할 수 있는 방법을 훈련하면 기억력을 놀랍게 증가시킬 수 있다. 마인드 맵, 상상의 연대표 등 그림을 이용하는 암기법은 데이터 수집보다 접속 능력을 향상시키는 데 도움이 된다. 내가 단어 공부에 사용한 것처럼 단어 카드 사용법, 그리고 영영사전으로 단어를 찾는 습관 같은 방법으로 데이터 입력과 거의 동시에 접속할 수 있는 능력 기르기를 시작하면 점차 그 범위를 넓혀 포토그래픽 메모리에 버금가는 암기력을 가질 수 있으니 지금부터 시도해보기 바란다.

상상의 연대표를 그려라

그림을 입체적으로 활용하는 상상의 연대표를 통해 누구나 '포토그래픽 메모리'를 가질 수 있다. 입력된 데이터를 그림으로 정리해 두뇌 속에서 하나로 묶어 원하는 기억의 덩어리로 만들자. 공부는 사실 상상이라는 백지에 의미 있는 그림을 만들어가는 철학과 예술의 조합이라고 할 수 있다.

입체적 지식을 담는 상상의 연대표

그림을 이용해 암기하면 놀라운 기억력을 만들 수 있다. 기억력만 향상되는 것이 아니라 지식을 재생산하고 복재해 어마어마한 지적 능력으로 발전시킬 수도 있다. 그림으로 기억력을 높이는 방법 중 '상상의 연대표'는 그림을 입체적으로 이용하는 가장 좋은 암기법으로 내가 즐겨 사용하는 방법이기도 하다. 상상의 연대표는 말 그대로 상상한 것들을 머릿속에 그림으로 그려 연대기 순으로 묶는 것을 말한다. 나는 어릴 때부터 역사 공부를 매우 좋아했기 때문에 각종 역사책에서 연대표를 자주 봐왔다. 연대표란 역사적 사건들이 연도에 맞춰 그림 또는 글씨로 표기해놓은 것을 말한다. 유명한 박물관에는 대부분 입구에 커다란 연대표가 붙어 있다. 역사 연대표는 대개 어느 시대에 어떤 왕이 통치했으며, 당시의 경제 상황은 어떠했고, 문화의 특징은 어땠으며, 국민들의 생활상은 어땠는가 등의 정보를 담은 시대별 그림으로 구성돼 있다. 예를 들면 1450년대 이탈리아 피렌체에서는 피렌체 성당의 돔이 완공돼 명실공히 르네상스 시대가 열리고, 우리나라에서는 세종대왕이 한글을 창제하는 과정에서 심한 반대에 부딪힌다. 독일에서는 구텐베르크가 인쇄기를 발명해 처음으로 성서를 인쇄한다. 중국은 당시 명나라 시대였는데, 6대 왕 영종이 전투 중에 납치당해 혼란에 빠지고 우리나라에까지 물소 뿔과 무기ㆍ군사를 보내라고 협박한다. 이렇듯 동 시대 각기 다른 지역에서 일어난 주요 사건을 한 장의 종이 위에 간단한 그림으로 표시해 한눈으로 여러 나라의 역사를 살필 수 있게 한 것이 연대표다. 이러한 역사 연대표를 상상 속에서 응용하는 것이 바로 상상의 연대표다. 상상의 연대표를 이용하다 보면 자기도 모르게 생각이 입체적으로 변해 어느 한곳의 역사를 알면 다른 곳의 역사가 궁금해진다. 하나의 사건을 알면 그 주변을 둘러싼 다른 사건들까지 궁금해진다. 그래서 관련 자료를 찾게 되고, 점차 하나를 알면 그 주변 정황을 모두 알려는 노력을 하게 돼 그것을 완전하게 이해할 수 있게 된다. 일부러 잊으려고 해도 잊히지 않을 정도로 관련 내용을 뚜렷하게 기억할 수도 있다.

무한 공간인 두뇌에 그림을 그려라

그림을 이용해 암기력을 향상시키는 데는 두 단계가 있다. 먼저 입력된 데이터를 그림으로 바꾸어 정리한다. 그다음은 정리된 데이터를 연대표처럼 하나로 묶어 원하는 기억의 덩어리로 만드는 것이다. 이 중에서 나는 '상상의 연대표 그리기'를 즐겨 사용한다. 역사 공부를 할 때뿐만 아니라 다른 과목을 공부할 때도 응용한다. 머릿속에 상상의 연대표를 그리는 것은 종이 위에 역사 연대표를 그리는 것과 같은 개념이다. 머릿속은 종이보다 장점이 많다. 종이에 비해 그림 그릴 수 있는 공간이 무한하며, 이차원인 종이와 달리 사차원적이다. 그래서 머릿속에서는 그림을 입체적으로 그릴 수 있을 뿐 아니라 시간을 앞뒤로 움직이며 변화시켜볼 수도 있다. 또한 데이터에 바로 접속할 수 있으며, 그렇게 저장된 데이터들을 무한히 변형시켜 수많은 지식과 연결함으로써 방대한 지식에 통달하기 쉽다. 이 방법을 이용하면 무작정 외우며 데이터 양을 늘리고 접속 능력을 높여 단순한 기억력을 향상시키며 공부한 사람과는 게임이 안 될 정도로 다양한 지식을 갖출 수 있다. 이미 입력된 지식들을 원하는 대로 떼었다 붙였다 할 수 있어 기억력을 무한히 확장할 수 있기 때문이다.

상상의 연대표를 그리는 방법은 다음과 같다. 머릿속의 무한한 공간에 시간이라는 하나의 축을 그려 넣는다. 축이 그려지면 지금까지 배운 모든 지식을 방 안의 옷장을 정리하듯 차곡차곡 정리하면서 서로 어떤 관계가 있는지를 생각해본다. 예를 들어 셰익스피어의 비극 《로미오와 줄리엣》을 상상하며 극의 무대인 이탈리아 베로나의 역사, 그곳을 장악했던 두 가문이 반목할 수밖에 없었던 사회적 배경 등으로 생각을 확장해보는 것이다. 그렇게 생각을 확장하면서 머릿속의 연대표가 수평으로 누워 있다고 가정하고 연대표를 앞뒤로 밀면서 역사 속에서 일어난 모든 일들을 관찰하다 보면 《로미오와 줄리엣》에 관련된 지식을 모두 다 섭렵할 수 있다. 여러 가지 상상 중 첫 번째 사건과 가장 관계가 깊은 것들만 따로 떼어내 연대표 위에 있는 무한한 공백 안에 넣었다 뺐다 하면서 놀이처럼 즐기면 남들이 보지 못한 역사적 사실들까지도 알아낼 수도 있다. 그런 방식을 수학이나 과학 공부에도 적용하면 점차 지식이 놀랄 만큼 방대하게 확장될 것이다.

상상의 연대표가 너무 추상적이어서 손에 잡히지 않으면 처음에는 역사 연대표로 시작해보자. 역사책에 인쇄돼 있는 연대표를 꺼내놓고 상상의 연대표와 대조하는 것으로 시작한다. 준비된 역사 연대표는 전체를 펼쳐 한눈에 보는 것이 좋다. 그런 다음 예를 들어 1945년에 우리나라가 해방되었다는 것부터 살핀다면 연대표에 1945년을 상징하는 줄을 긋고 그 위에 중앙청에 태극기를 거는 병사들의 모습을 상상해본다. 동시에 우리나라 허리에 삼팔선이 그어지는 상황도 그려넣는다. 컴퓨터 게임 〈삼국지〉나 〈쇼군〉을 해보았다면 거기서 한 지역의 군대를 상징하기 위해 지도를 몇 구역으로 나누고 그 위에 병사를 상징하는 알들을 놓는 것과 비슷한 방법으로 하면 된다.

사람의 두뇌는 이런 과정을 통해 지식을 습득하고 생각을 확장하기 때문에 바둑, 장기, 지도, 문자, 윈도 프로그램 등 세상의 현상을 하나의 그림을 통해서 표현하는 방법을 수도 없이 많이 개발할 수 있었던 것이다. 이런 경험을 놓고 뛰어난 사업가들은 "돈이 둥둥 떠다니는 것이 보인다"고 말하고 뛰어난 지식인들은 "새로운 아이디어가 눈앞에 훤히 펼쳐져 있다"고도 말하는데, 이들은 오랫동안 자신이 속한 분야에서 필요한 요소들을 완벽하게 이해하고 그에 대한 미래를 눈앞에 생생하게 그릴 수 있는 능력을 기른 것이다. 우리가 기억하는 천재들은 선천적으로 타고 났건 후천적 훈련으로 다졌건 간에 하나의 지식을 무한히 연결할 수 있는 공백을 상상하는 능력을 가지고 있다. 그들은 다른 사람들이 절대로 그림으로 상상할 수 없다고 생각하는 수학의 논리, 아인슈타인이 말하는 휜 공간 등까지도 머릿속에 그림으로 그리는 능력을 가지고 있다. 그들의 머릿속에 그려진 상상의 연대표는 공간과 시간 만을 떠올리는 인간의 한계를 초월해 머릿속의 사차원 공백을 모 두 다 사용한다. 전자가 원자를 감싸고 도는 모습은 머릿속으로 상상하기 쉽지만, 전자가 도는 속도가 '콴타'라는 에너지를 분출 하는 것, 그리고 그 에너지는 중력을 가지고 있지만 물체가 아니 라는 것 등은 나 같은 사람의 머리 정도로는 잘 상상되지 않는다. 그러나 그 분야의 전문가들은 그런 것까지도 상상할 수 있다.

상상의 백지에 포토그래픽 메모리를 구축하라

머릿속에 그림을 그리는 것은 그리 복잡한 일이 아니다. 역사적 사건들은 실제로 연대표상에 존재한 적이 없다. 사람들이 그랬을 것으로 상상해 도표로 표기한 것일 뿐이다. 바로 그와 같다고 생 각하면 된다. 상상을 통해 모든 지식이 하나로 연결되는 일정한 패턴이 있음을 발견하고 그 패턴을 상징하는 그림을 그릴 수 있게 되는 순간, 자기도 모르게 여러 경로를 통해 모든 지식에 접촉할 수 있는 완벽한 상대적 기억력, 즉 인공 '포토그래픽 메모리' 능력 을 갖출 수 있다. 1970년대의 유명한 미국 화가이자 사진작가인 윌리엄 클라인은 자기가 가지고 있는 모든 미적 철학을 하얀 캔버 스에 단 하나의 붓 자국으로 표현했다. 그는 그 붓 자국으로 그린

단순한 그림을 보는 순간 그가 가지고 있는 미적 철학의 기본이 된 모든 공부 내용을 기억할 수 있는 능력을 가지고 있었다. 그의 이상은 형상이 없는 추상적인 아이디어에 불과했지만, 그것을 하나의 형태로 구성함으로써 멋진 작품이 된 것이다. 공부도 이처럼 상상이라는 백지에 하나의 그림을 그림으로써 의미 없는 정보를 의미 있는 그림으로 만들어나가는 철학과 예술의 조합이라고 보아야 한다. 그렇기 때문에 공백을 상상하며 상상의 연대표에 모든 지식을 입력하고 연결하려는 노력만 시작하면 시간을 덜 쓰고도 광대한 지식을 얻어 저절로 통섭형 인재가 될 수 있을 것이다.

07

부모님께
드리는
말씀

당신의 자녀가
어떻게 살기를 원하십니까

이제는 교육 방식도 달라져야 합니다. 창의력과 통섭의 지식을 중시하는 21세기 인재상에 맞춰 자녀의 특성을 파악하고 그에 맞는 교육 방법을 찾아내야 합니다. 이 과정에서 공부를 왜 어떻게 해야 하는가 질문하는 것은 매우 중요합니다.

21세기, 창의력과 통섭의 지식이 중요합니다

저는 누가 뭐래도 우리나라 부모님들이 너무나 훌륭하다고 생각합니다. 전쟁으로 잿더미가 된 나라를 불과 반세기만에 세계가 인정하는 경제 강국으로 만든 부모님들의 땀과 희생을 알기 때문입니다. 과거의 찬란한 문화와 긴 역사를 자랑스럽게 내세우는 나라 가운데 식민지와 전쟁의 피해에서 우리나라처럼 빠르고 눈부시게 회복한 나라는 찾아보기 어렵습니다. 저는 미국에서 공부하면서 이러한 성과는 다름 아니라 우리 부모님들이 가진 남다른 교육열의 결과라는 것을 깨닫게 되었습니다. 한때 경제 강국으로 위세를 떨치던 아르헨티나와 제2차 세계대전이 발발하기 전까지 유럽 강국들과 어깨를 겨루던 터키가 아직까지도 후진국 대열에서 벗어나지 못하고 있는 이유는 선진국의 기반이라고 할 수 있는 국민의 교육 수준을 높이지 못했기 때문임을 이곳 미국에서 알게 됐습니다. 우리 부모님들은 밤낮 없이 열심히 노력하고 고통을 참으며 자녀를 위해 희생해오신 결과 참으로 큰 성과를 이룩하셨습니다.

그러나 이젠 그 눈물과 땀과 희생의 기억을 훌훌 털고 새로운 국가의 위상에 맞는 자녀 교육 방법을 모색해야 할 때입니다. 자녀 교육에 성공하려면 부모님의 교육에 대한 인식이 크게 바뀌어야 합니다. 우리 자녀들은 부모님들과 너무나 다른 환경 속에서 살고 있음을 인정해주십시오. 경제협력개발기구(OECD) 가입과 세계 경제 순위 11위에서 13위를 오르내리는 지금은 더욱 그렇습니다. 경제 개발을 목표로 그저 열심히 학교 공부에만 정진하던 개발도상국식 교육 방식을 하루 빨리 벗어던지고 현대 사회가 요구하는 창의성과 통섭의 지식을 갖춘 인재를 기르는 선진국의 교육 방법으로 받아들이지 않으면 그동안 부모님들이 해온 고생이 물거품으로 변할 수도 있습니다.

선진 교육은 가정에서 시작됩니다

부모님들께서는 여전히 자녀들이 하루 종일 공부에 매달려 있어야 안심이 되실 것입니다. 저는 그러한 부모님들의 심정을 충분히 이해합니다. 그러나 더 이상 그런 방법으로는 자녀 교육에 성공하실 수 없습니다. 이제는 더 이상 자녀가 제대로 밥 벌어 먹는 사람이 되라고 고생해서 교육시키지는 않으실 것입니다. 자녀가 행복하게 사람답게 살라고 교육을 시키실 것입니다. 그래서 지금은 삶의 질을 높이기 위한 선진국식 교육 방식을 채택해야 할 중요한 시점임을 아셔야 합니다.

미국에서 바라보면 국민소득과 기술 수준에서 서양의 어떤 나라에도 뒤지지 않는 한국이지만, 너무 빠른 경제 발전 속도를 교육 수준이 따라잡지 못해, 이 부분은 아직도 선진국보다는 개발도상국 수준에 머물고 있는 것으로 보입니다. 많은 부모님들이 자녀의 조기 유학에 무리한 투자를 아끼지 않는 것도 그 때문일 것입니다. 그러나 해외 유학도 부모님의 태도에 따라 성패가 갈립니다.

선진국은 무조건 열심히 일하는 것보다 산업과 건축 디자인, 예술 등의 기본을 배워 창의력과 사고력을 바탕으로 삶의 질을 높이고 부가가치도 높일 수 있는 공부를 시키고 있습니다. 그리고 지금은 기업들도 창의력과 사고력이 있는 인재만을 선호해 그런 교육을 받은 사람들만이 취업난을 겪지 않고 여기저기 뽑혀 다닙니다. 최근 우리나라도 대학 입학 수학능력시험 등 선진 교육 방법을 도입하고는 있는 현실에서 이의 중요성은 날로 커지고 있습니다.

대부분의 교육학자들은 선진 교육은 가정교육에서 시작된다고 주장합니다. 창의력 · 사고력 · 비판력 · 상상력 등 공부 잘하는 데 필요한 능력은 학교 제도로 수용해 발전시킬 수는 있지만, 호기심이 왕성한 어린 자녀들의 엉뚱한 질문에 성의 있게 대답하고 독서와 대화를 통해 세상 보는 눈을 넓히고 경험을 충부하게 해 사고력을 높이는 일은 학교에서 일일이 다 해줄 수 없기 때문입니다.

무엇보다 자녀 맞춤형 학습법이 중요합니다

자녀 교육에 성공하시려면 어릴 때부터 자녀의 특성을 냉정하게 파악하고 거기에 맞는 교육 방법부터 찾아내셔야 합니다. 다른 사람들의 교육 방법은 잊어버리셔야 합니다. 그러려면 부모가 '내 자녀에게는 어떤 사고방식의 교사, 어떤 종류의 학습 방법이 가장 잘 맞을 것인가?' '내 자녀의 선천적인 집중력은 얼마나 되는가?' 등을 정확하게 파악해야 한다고 미국의 권위 있는 교육학자와 심리학자들은 강력히 주장합니다. 아무리 좋은 교사도 학생의 성향에 맞지 않는 학습 방법을 사용하면 교사와 학생의 관계가 불편해지고 학부모 입장에서도 돈과 시간만 낭비하게 된다는 것입니다.

저도 겨우 여섯 살 때 어머니께서 유명한 바이올린 선생님을 찾아내 레슨을 받게 하셨습니다. 6년 정도 레슨을 받으면 아무리 소질이 없는 사람이라도 어느 정도 바이올린을 다룰 수 있다는데 저는 여전히 깡통 깨지는 소리만 내고 기본음 하나 제대로 짚어내지 못했습니다.

제 바이올린 선생님은 '스즈키 바이올린 교육법'으로 뛰어난 학생을 많이 배출한 분이셨습니다. 음악은 수학과 논리를 바탕으로 한 매우 어려운 학문입니다. 스즈키 방식은 어린아이들이 음악을 쉽게 배우도록 악보 읽는 법을 익히게 한 후, 내키는 대로 여러 곡을 연주해보고 귀로 들은 대로 묘사하도록 가르치는 방식입니다. 이 방식은 이론을 싫어하는 어린 학생들 사이에서 큰 성공을 거두었습니다. 그러나 저에게는 전혀 맞지 않는 방법이었습니다. 저는 수학적인 이론을 먼저 공부해야 전체를 이해하는 체질입니다. 이처럼 저에게 맞지 않는 방법으로 교육을 받은 결과 많은 레슨비와 시간만 낭비하고 6년 만에 바이올린 배우기를 포기하고 말았습니다.

대학에 입학한 후 피아노를 배울 때는 90세의 줄리아드 교수 출신 선생님에게 엄격하게 전통 기법인 장조·단조의 기초, 아프레지오 방식, 연습곡, 그리고 화성법, 대위법 등 이론적인 방식을 먼저 배웠습니다. 이론을 중시하는 이 선생님의 교수법에 적응하지 못해 금세 포기하는 학생들이 많았지만 저에게는 이 방식이 너무나도 잘 맞아 피아노를 배운 지 8개월 만에 줄리아드 음대 야간 과정에 합격할 만한 실력을 쌓을 수 있었습니다.

이것은 사람마다 배우는 방법이 다르다는 것을 알려주는 하나의 예입니다. 피아노를 배우려면 손가락이 길어야 유리하다는 상식도 알고 보면 꼭 맞는 말이 아닙니다. 손가락이 길면 음 사이의 거리가 먼 리스트나 쇼팽의 곡을 치는데는 도움이 되지만 가까운 음표들을 빨리 연결해야 하는 베토벤이나 모차르트의 곡을 연주할 때는 오히려 방해가 됩니다. 똑같은 기능도 원하는 방향에 따라 그 가치가 달라지는 것입니다. 따라서 공부를 왜 어떻게 하는가를 정확하게 파악하는 것은 자녀에게 공부를 시키기 전에 반드시 해봐야 하는 매우 중요한 질문입니다.

'목표 없이는 최상의 방식도 없다'는 현대 교육학의 격언을 마음에 담아두고 자녀의 특성에 맞는 교육 방법을 찾아내셔야 할 것입니다.

자녀의 특성을 파악하십시오

자녀 교육에 성공하기 위해서는 자녀 스스로 설계한 인생 목표와 자녀의 특성에 맞는 교육을 하는 것이 무엇보다 중요합니다. 구체적 목표가 설정된 뒤에는 무작정 책상 앞에 앉혀두기보다는 어떻게 하면 힘 안 들이고 빨리 배우게 할지 고민해야 합니다.

부모님이 교육학자가 되셔야 합니다

안타깝게도 우리나라 부모님에게 자녀의 앞날을 걱정하는 열정과 노력은 넘쳐나는 반면 자녀를 잘 가르치는 기술은 부족해 보입니다. 공부는 자동차 운전이나 컴퓨터처럼 조작 방법을 제대로 알아야만 잘할 수 있습니다. 기계의 특성을 제대로 파악해야 쉽게 조작할 수 있듯, 공부도 자녀의 특성을 제대로 파악해야 자녀에게 맞는 공부기술을 계발할 수 있습니다.

공부는 무조건 열심히 한다고 해서 잘할 수 있는 것이 아닙니다. 미국에서 교사가 되려면 두뇌의 기능, 아동심리, 논리철학, 인식론 등을 반드시 교육받아야 합니다. 이는 학생들의 심성을 이해하고 개인적인 특성에 맞는 공부기술을 찾아내도록 하기 위해서입니다.

자녀에게 가장 적합한 공부 방법을 찾으려면 무엇보다도 내 자식을 하루 종일 책상 앞에 붙들어 매두어야 안심이라는 생각에서 벗어나야 합니다. 오히려 어떻게 하면 힘 안 들이고 빨리 배우게 할 것인가에 관심을 가지셔야 합니다.

가장 좋은 교육 방법은 적응력과 탄력적인 방법입니다. 이러한 교육 방법을 이해하려면 부모님들께서 자녀들을 공부하라며 무조건 붙들어두실 것이 아니라 공부기술의 원리를 알아내는 교육학자가 되려고 노력하셔야 합니다.

자녀의 인생 목표는 스스로 세우도록 해주십시오

다음으로는 부모님이 자녀의 장래를 알아서 결정해서는 안 됩니다. 우리나라는 서열을 중요시해 무슨 일에건 등수 매기기를 정말로 좋아합니다. 그 때문에 많은 부모님들이 역사학 교수가 적격인 자녀도 공부를 잘하면 무조건 서울대 법대에 보내고 싶어 하며,

프랑스문학에 흥미가 있어도 커트라인이 더 높다는 이유로 영문학과로 진학시키십니다. 부모님이 자녀의 장래를 결정하면 자녀 자신은 인생에 대한 확실한 목표를 세울 수 없습니다.

자녀의 인생 목표는 자녀 스스로 세울 수 있도록 해주셔야 가장 큰 교육 효과를 거둘 수 있습니다. 제 형은 부모님이 말리는데도 미시간 대학에서 가장 커트라인이 높은 공대에 입학했습니다. 어머니는 형에게는 딱딱한 엔지니어보다 건축가 같은 예술적인 직업이 어울린다고 충고하셨지만 형은 고집을 피우고 공대에 입학했습니다. 그때 어머니는 억지로 형의 고집을 꺾지 않으셨습니다. 그러나 공대에 진학한 형은 1년간 학교를 다녀본 결과 어머니 말씀이 옳다는 것을 깨닫고 건축과로 전과했습니다. 공대를 다닐 때는 밤새워 프로젝트를 할 때마다 힘들다고 투덜거리던 형이 건축과에서 공부하는 것은 행복해하더니 학부와 대학원을 모두 수석으로 졸업하고 금융위기로 건축과 학생들의 취업률이 최악인 상황에서도 뉴욕에서 잘나가는 건축 회사에 들어가 잘 지내고 있습니다.

자녀 스스로 인생의 목표를 세우도록 하면 설사 잘못된 길로 접어들지라도 금세 제자리로 찾아옵니다. 역사학자가 되고 싶은 학생은 아무리 공부를 잘해도 서울대 법대가 아닌 역사학과에 보내야 합니다. 그 학생은 역사학자가 되어야만 가장 큰 능력을 발휘할 수 있습니다.

공부는 인생의 목표를 이루는 과정에 불과합니다

학자가 아닌 일반인에게 공부는 인생의 목표가 아니라, 인생의 목표를 이루기 위해 거쳐야 하는 과정에 불과하다는 인식을 부모님께서 먼저 가져야 자녀 교육에 성공하실 수 있습니다. 저는 다행히도 학교 성적에 연연하지 않고 자녀 스스로 선택한 공부 방식을 인정해주시는 부모님을 만나 스스로 공부기술을 터득할 수 있었습니다.

우리가 공부하는 이유는 크게 두 가지로 나눌 수 있습니다.

첫째, 자기가 가진 재능을 최대한 발휘할 수 있는 기술을 익히기 위해서입니다. 쇼팽이나 베토벤이 손가락을 자유자재로 움직여 피아노 치는 기술을 익히지 않았더라면 위대한 피아노 음악 작곡이 불가능했을 것입니다. 학자로 진출할 사람은 학문의 전문용어와 논리적 표현법을, 건축 예술을 할 사람은 자기 아이디어를 공간 위에 표현할 수 있는 공법을, 회사원이 될 사람은 자신의 사업 제안을 예산과 제안서로 단숨에 표현할 수 있는 쓰기와 말하기 능력을 길러야 합니다. 그러나 시험공부에 너무 많은 시간을 쓰면 자신의 재능을 발휘하는 데 필요한 이러한 기술들은 제대로 익히지 못하게 됩니다. 그렇게 되면 자기만의 독특한 아이디어를 가지고도 그 분야의 사람들과 제대로 의사소통을 할 수 없어 자기가 가진 능력을 제대로 인정받지 못하게 됩니다.

둘째, 직장과 가정생활에 필요한 아이디어를 개발하기 위해서입니다. 학교 공부만으로는 실용적인 아이디어를 개발하기 어렵습니다. 머리가 좋아 아이디어가 풍부한 사람도 기본 상식이 부족하면 그런 아이디어를 쓸모 있게 가공하지 못합니다. 아이디어는 문화 배경과 상식의 산물입니다. 과학·사회·지리·철학 등에 대한 다양한 상식은 폭넓은 지식을 바탕으로 생깁니다. 따라서 다양한 지식을 갖추면 그렇지 못한 사람보다 쓸모 있는 아이디어를 더 많이 내놓을 수 있습니다. 상식이 풍부할수록 생산적인 아이디어를 가질 수 있기 때문에 학교 공부에 목을 맬 것이 아니라 학교 공부에 들이는 시간을 절약해 폭넓은 공부를 할 수 있는 자유를 주어야 합니다.

다양한 경험과 다방면에 걸친 기본적인 지식은 창의력을 기르는 필수 요소입니다. 세상이 복잡해지면서 세분화된 분업이 요구되고, 그 때문에 전문 분야 하나쯤 가지고 있지 않으면 다양한 지식도 쓸모가 없어집니다. 만물박사보다 한 분야에 전문적인 지식을 가진 사람이 성공하기가 쉽습니다. 아무리 뛰어난 천재도 한 분야에 집중해서 그것을 발전시키려고 꾸준히 노력하는 사람을 따라잡을 수는 없습니다. 그리고 한 분야를 확실히 꿰뚫고 난 후에야 진정한 만물박사도 됩니다. 통섭형 인재란 바로 그런 사람들입니다.

자녀의 특성과 성향을 존중해주십시오

머리말에 언급했지만 천재도 정해진 목표가 없으면 공부를 잘할 수 없습니다. 자녀들과 자주 대화를 나누다 보면 자녀의 희망과 특성을 찾아 그것을 토대로 몇 가지 목표를 정하실 수 있을 겁니다. 자녀의 특성에 맞는 분야에서 사회적으로 인정받고, 경제적으로 성공할 수 있도록 교육하시려면 자녀가 어떤 과목을 공부해야 할 것인지를 파악해 그에 맞는 경로 몇 가지를 골라보십시오.

경로를 정한 후에는 각 경로에 맞는 방법을 따르다가, 그중 가장 잘 맞는 것을 택해 목표에 도달하도록 하시는 것이 좋습니다. 이때 어떤 공부도 노력보다 능률이 더욱 중요하다는 사실을 반드시 기억하셔야 합니다. 자녀들에게 쓸데없는 공부를 시키지 않아야 남는 시간에 자신의 특성에 맞는 깊이 있는 공부를 하고 생각하는 힘을 길러 실용적인 아이디어를 생산할 수 있기 때문입니다.

따라서 자녀 교육에 성공하기를 원하시는 부모님은 자녀의 인생 목표와 기본적인 성향을 절대로 무시하시면 안 됩니다. 반드시 자녀의 특성에 맞는 공부기술을 사용해야 부모님이 원하는 진정한 인재가 될 테니 말입니다.

시험 스트레스를
제거해주십시오

시험은 지금까지 해온 공부의 양을 재는 수단에 불과합니다. 당장의 점수에 연연하기보다는 다음 시험에서 더 나은 성적을 내기 위해 고민해야 합니다. 시험은 생사가 걸린 일이 아니라고 자녀를 안심시키시고 자녀의 평소 공부 습관을 바로잡아주십시오.

스트레스는 성적 향상의 가장 큰 장애물입니다

제3장의 '스트레스를 지배하라'라는 글에서 말했듯이 스트레스는 학생들이 시험을 최상의 컨디션에서 볼 수 없게 만드는 위험 요소입니다. 불행하게도 자녀 교육에 관심이 많으신 우리 부모님들은 자녀의 시험을 방해하는 스트레스를 덜어주기보다는 자기도 모르게 더 얹어주시는 경우가 많습니다.

부모님이 얼마나 고생스럽게 자신을 공부시키는지를 너무나 잘 아는 우리나라 학생들은 기본적으로 부모님의 실망과 흥분에서 자유로울 수 없습니다. 그 때문에 부모님이 시험 성적에 신경을 쓰면 쓸수록 자녀들은 시험에 생사를 가르는 결투 자세로 임합니다. 연습은 실전처럼, 실전은 연습처럼 하라는 말이 있듯이 공부는 심각한 자세로 해도 시험은 가벼운 기분으로 보아야 높은 효과를 거둘 수 있는데 그렇게 할 수가 없게 되는 것입니다.

시험 점수는 학생이 가진 여러 가지 분야의 지식 중 단 한 가지를, 그것도 대강 측정하는 것 이상의 기능밖에는 없습니다. 전교 1등이 1등 인간이며 전교 2등은 그보다 못하다고 믿는 인식은 선진국의 문턱에 선 우리나라에서 더 이상 통용되어서는 안 됩니다.

세계에서 가장 큰 시험 기관인 ETS(Educational Testing Services)는 학생의 실력 고하에 관계없이 비슷한 수준의 시험에서 적게는 10퍼센트, 크게는 25퍼센트 정도 점수가 오르락내리락한다는 통계를 발표했고, 등수도 상위 10퍼센트에 드는 학생이 같은 수준의 시험을 한 번 이상 치르면 등급이 위아래로 4퍼센트 정도 오르락내리락한다고 밝혔습니다. 이 같은 설명은 시험은 전체 학생 가운데 한 학생의 실력이 상급에 속하는지 중급에 속하는지 정도를 잴 수 있을 뿐, 그 학생의 진짜 실력이 1등이다, 5등이다, 10등이다 하고 잴 수는 없다는 것을 증명하는 것입니다.

1등이 아니라도 최고가 될 수 있습니다

어릴 때부터 정확하게 자녀의 특성을 파악해 인생 목표를 스스로 정하도록 하면 원하는 목표를 달성하는 경로를 만들 수 있고, 그 경로를 따라가기 위해 어느 과목에서 어느 등급의 점수가 필요한지 알게 됩니다. 이렇게 되면 최고 점수를 받지 못해도 인생 목표를 달성할 수 있다는 공부에 대한 객관적인 인식을 자녀에게 심어 주실 수 있습니다.

부모님이 공부에 대한 객관적인 인식을 갖지 않으면 학생은 시험을 통해 자신의 모든 가치가 평가된다고 생각하게 돼 성적에 매달려 쓸데없는 스트레스에 시달릴 수밖에 없습니다. 자녀의 시험 스트레스를 줄여주시려면 부모님들께서는 자녀의 낮은 시험 점수에 흥분해서 언성을 높이거나 화를 내서서는 절대로 안 됩니다.

거스 히딩크 감독은 선수들에게 축구 연습을 시킬 때는 아주 무섭게 대하지만, 경기가 끝나면 뛰어난 경기를 치렀건 예상보다 못한 성적을 거두었건 간에 모든 선수들을 격려하고 칭찬해 우리나라를 비롯한 오스트레일리아, 러시아, 모국인 네덜란드 축구 팀이 국제 축구 대회에서 빛나는 승리를 거두게 해 세계적인 명성을 얻었습니다. 연습을 열심히 하지 않을 때 무섭게 다그치는 것은 실력 향상에 도움이 되지만, 이미 끝나버린 경기를 가지고 화를 내는 것은 무의미하다는 것을 히딩크 감독은 잘 알고 있었던 것입니다.

자녀의 생활습관부터 바로잡아주십시오

자녀가 공부를 못하는 것은 평소의 생활습관 때문인 경우가 대부분입니다. 선생님의 강의에 귀를 기울이지 않고, 하루에 5분만 하면 되는 예습 복습을 제대로 하지 않거나, 너무 공부를 많이 해 초점을 분산시키는 등 이 책에서 이미 거론한 바 있는 비효율적인 학습 방법으로 공부하는 습관이 되풀이되면 절대 공부를 잘할 수 없습니다. 따라서 부모님은 이러한 자녀의 생활습관부터 고쳐주셔야 합니다.

잘못된 습관을 바꾸려고 하지 않고 생각하는 능력과 공부기술을 매일 규칙적으로 조금씩 발전시키려는 의지가 없는 학생은 부모님이 많이 꾸짖고 공부의 중요성을 제대로 인식하도록 하셔야 합니다. 또 실천력이 없는 학생이라면 함께 일과표를 짜고 이를 반드시 지키도록 엄하게 다스려야 합니다. 시험은 지금까지 해둔 공부의 양을 측정하는 것에 불과합니다. 당장의 점수에 연연하는 것보다 어떻게 하면 다음 시험에서는 더 나은 성적을 얻도록 할 것인가가 더 중요합니다.

공사를 할 때 철근이 삐딱하게 놓이면 조금씩 툭툭 쳐서 그때그때 바로잡아야지, 괜찮겠지 하고 내버려두었다가는 집이 무너질 수도 있습니다. 이제부터라도 자녀가 공부를 잘할 수 있는 생활습관 만들기에 나서보십시오.

시험 보기 전 일주일 동안, 자신의 집중력을 초과하지 않는 정도의 공부를 하고 충분한 휴식을 취하면서 적당한 운동을 하고 식사도 규칙적으로 하고 물을 많이 마시는 습관을 길러 시험 보는 데 가장 적합한 컨디션을 만드는 데도 부모님의 도움이 필요합니다.

자녀가 시험 전에 공부를 아예 하지 않는다면 시험 준비를 완전히 마무리했는지 꼼꼼히 확인하시고 이를 위한 계획표를 짜는 것을 도와주십시오. 반대로 자녀가 시험에 대한 강박관념 때문에 시험 전에 너무 공부를 너무 많이 하면 두뇌와 육체를 유연하게 만드는 휴식과 운동을 권하는 것도 매우 중요합니다.

가장 중요한 것은 시험은 죽고 사는 문제가 아니라고 말해 자녀를 안심시켜주시는 겁니다. 시험을 예상만큼 못 본 자녀의 불안을 달래주시고, 시험을 제대로 못 봐 부모님의 사랑마저 잃었다는 비극적인 인생관을 갖지 않도록 배려해주셔야 합니다.

공부하기 싫다고 할 때가 기회입니다

공부하기 싫다고 반항하는 자녀에게는 무조건 닦달하지 말고 자기 자신을 위해 공부하는 것임을 인식시켜주십시오. 그런 뒤 자녀가 좋아하는 방식으로 할 수 있는 맞춤형 공부기술을 찾아주시면 시키지 않아도 책을 붙잡고 앉아 있곤 자녀의 모습을 보실 수 있을 겁니다.

공부는 자신을 위해 하는 것임을 알려주십시오

제가 고등학교 다닐 때 한국에서 이민 온 친구가 하나 있었는데, 이 친구의 열한 살짜리 동생은 공부 때문에 온 식구들의 속을 썩이고 있었습니다. 그 아이는 어머니가 공부하라고 말씀하시면 책상 앞에 앉아 5분 정도 책장을 넘기면서 무언가를 끼적거리다가 탁 덮어놓고 멍한 자세로 의자에 앉아 있곤 했습니다. 그러다가 손님이라도 오면 쫓아나와 끼어들기 일쑤였습니다. 부족한 집중력과 산만한 태도도 문제였지만 무엇보다 가장 큰 걱정은 학교 성적이 신통치 않은 것이었습니다.

저는 그 아이의 행동을 자세히 살펴보았습니다. 제 방에서 들락날락하는 아이에게 저는 "얘, 그러지 말고 우리 함께 나가서 놀자"고 말했습니다. 그러자 그 아이는 몹시 어두운 얼굴로 공부해야 한다며 고개를 절레절레 흔들었습니다.

하지만 그 아이는 진득하게 책상 앞에 앉아 공부하기는커녕 지켜보는 사람이 불안할 정도로 일어났다 앉았다 하며 여전히 친구와 제가 있는 방을 들락거렸습니다. 저녁 식사 후 그 아이는 텔레비전을 보기 시작했습니다. 저는 장난기가 발동해서 "야, 너 공부한다고 그렇게 난리를 치더니 이제는 텔레비전 보니?" 하고 말했습니다. 그랬더니 그 아이는 제 말이 채 끝나기도 전에 "나 여태 공부했어. 7시간이나 했다고"라며 볼멘소리로 대꾸했습니다. "7시간 동안 책상 앞을 어슬렁거리면서 책만 뒤적이는 것이 공부니? 네가 실제로 공부한 시간은 15분도 안 되잖아"라고 냉정하게 말했더니 그 아이는 매우 신경질적인 표정으로 "옆에서 떠들어대는데 어떻게 공부를 해!" 하며 오히려 화를 냈습니다.

제가 목소리 톤을 낮춰 진지하게 "너 집중력이 그것밖에 안 돼? 공부 포기하고 엄마 하시는 일이나 도와라. 엄마 시장 가방이나 들고 따라다니면 딱 어울리겠구나. 어머님, 애 공부 그만 시키시고 이제부터는 제 말씀대로 하세요" 하고 말하자 그 아이는 얼굴이 파랗게 질려 발을 동동 구르며 "공부가 잘 안 되는데 어떡해요" 하면서 울상을 짓더니 금세 흥분을 가라앉히며 "나 공부 할래요"라고 제법 비장한 목소리로 말했습니다.

"너 내가 공부 잘하는 비결을 알려줄 테니 시키는 대로 해볼래?" 제가 이렇게 제안하자 그 아이는 눈을 빛내며 제 곁으로 바짝 다가앉았습니다. "지금부터 네가 가장 재미있게 볼 수 있는 책을 골라서 10분만 한 자리에 그대로 앉아서 읽고, 나한테 와서 그 내용을 네가 할 수 있는 한 가장 재미있게 이야기해봐." 그 아이는 제 말이 끝나자 알았다며 바람처럼 자기 방으로 사라졌습니다. 그로부터 10분, 20분이 지나도록 그 아이는 방 밖으로 나오지 않았습니다.

누구나 자녀의 성공과 행복을 위해서라면 기꺼이 자기 자신을 희생할 각오가 되어 있으실 겁니다. 부모는 자녀를 공부하라고 들볶는 사람이 아니라 자녀가 잘되기를 진심으로 바라는 사람임을 자녀가 제대로 알 수 있도록 해주십시오. 부모님이 자녀에게 공부를 열심히 하라는 것은 부모님의 꿈을 이루려는 욕심 때문이 아니라 자녀의 행복과 성공을 위해서라는 사실을 제대로 인식시키셔야 합니다. 제 친구 동생이 스스로 "공부 할래"라고 말한 것은 공부가 부모님이 아닌 자기 자신을 위해 하는 것이라는 사실을 깨달았기 때문입니다.

공부하기 싫다고 반항하는 자녀에게는, 공부가 장래에 어떤 특권을 가져다주며 공부를 못하면 어떤 불편함을 감수하며 살아야 하는지 자녀의 머릿속에 가능한 한 깊이 인식시키십시오. 제 친구 동생은 집중해서 공부하지 않으면 어머니의 장바구니를 들고 다니는 것으로 인생이 끝날 수 있다는 것을 깨달아 제 말을 무서워했던 것입니다.

좋아하는 방법으로 공부하게 도와주십시오

아이들은 어른에 비해 집중력이 많이 떨어집니다. 어려서부터 탁월한 집중력을 갖는 것은 아주 특별한 경우이기 때문에, 자녀를 이런 학생들과 비교하시며 닦달하면 오히려 반발만 사게 됩니다. 만약 자녀가 남다른 집중력을 타고났다면 이미 그것이 밖으로 드러났을 것입니다. 지금까지 나타나지 않은 집중력이 어느 날 갑자기 나타날 것이라고 기대하지 마십시오.

공부는 5분, 10분씩 집중적으로 자주 하는 것이 한 번에 오래 하는 것보다 큰 효과를 내기 때문에, 무조건 집중해서 오래 공부한다고 공부를 잘하는 것은 아닙니다. 오랜 시간 책을 붙들고 있는 것보다 짧은 시간 제대로 공부하는 것이 중요합니다. 학생마다 타고난 집중력이 다른데 타고난 집중력 이상으로 억지로 공부를 시키면 부담을 느껴 공부에 대한 부정적인 감정을 갖게 되어 부모님 눈치나 살피며 공부하는 척하기 쉽습니다.

어려서는 자기가 좋아하는 방법으로 호기심을 충족시키는 정도로 공부하도록 도와주시고, 자연스럽게 독서 습관을 길러 상식을 넓히는 한편 자녀와 자주 대화를 나누어 논리적 사고와 비판 능력을 길러주시면 자녀는 절대 공부를 싫어하지 않게 될 것입니다.

무조건 공부하라고 말씀하시는 것보다 자녀가 좋아하는 방법으로 할 수 있는 맞춤형 공부기술을 계발해 공부가 재미있는 것이라는 인식을 심어주면, 자녀가 "공부하기 싫어"라고 말하는 것을 두려워하지 않으셔도 될 것입니다.

유학 보내기 전
다시 한 번 생각하십시오

공부기술을 제대로 연마하면 어느 나라 어느 학교에서도 뛰어난 성적을 거둘 수 있습니다. 자신의 인생목표와 무관하게 무작정 떠나는 유학은 학생에게 결코 도움이 되지 않습니다. 자녀의 유학을 결정하기 전 유학이 꼭 필요한 일인지 다시 한 번 숙고하십시오.

안에서 새는 바가지는 밖에서도 샙니다

텔레비전 뉴스를 보다가 중학교 내신 바람이 초등학생에게까지 불어 아이들의 입시 스트레스가 심하다는 보도를 본 적이 있습니다. 초등학생들이 강남의 유명 학원에 입학하기 위해 심한 경쟁을 뚫어야 하고, 경쟁을 통해 입학 허가를 받으면 이곳에서 중학교 과정의 수학이나 과학의 교과 내용을 미리 배운다는 것이 보도 내용의 골자였습니다.

저는 흔히 말하는 미국의 좋은 대학교를 졸업한 사람입니다. 그러나 저는 우리나라에서는 중학교에 입학한 후 성적이 부진하고, 선생님들과의 관계도 심각할 정도로 나빴을 뿐만 아니라, 동급생들과도 잘 어울리지 못해 막연하게 어디론가 떠나고 싶어 하는 매우 평범한 학생이었습니다. 그런 제가 미국에 와서 명문 대학에 입학할 수 있었던 것은 우리나라 교육 제도가 좋지 않고 미국 교육 제도가 좋아서 그런 것은 아니라고 생각합니다. 그 당시에는 물론 저와 제 부모님도, 제가 우리나라의 학교 생활에 적응하지 못한 이유는 우리나라 교육 제도가 제 체질에 맞지 않기 때문이라고 굳게 믿었습니다. 저는 몇몇 친구들이 미국으로 떠나는 것을 보면서 나도 미국으로 가면 모든 것이 해결될 것이라는 막연한 꿈을 꾸곤 했습니다. 그러던 중에 어머니가 뒤늦게 미국에 유학을 가게 된 바람에 얼떨결에 유학을 오게 되어 저는 제 꿈이 이루어졌다며 좋아했습니다.

그러나 미국에 도착해보니 어렵던 공부가 갑자기 쉬워질 리 없음을 깨닫게 되었습니다. 아무리 한국에서 영어 과외를 열심히 받았어도 영어로 역사 · 사회 · 물리 · 지리 수업을 듣는다는 것은 만만한 일이 아니었습니다. 영어만 따라가는 데도 1년 반 동안 거의 밤을 새며 여러 종류의 영어 책을 읽어야만 했습니다. 또 어릴 때는 남의 입장을 배려하지 않고 잔인하게 굴게 마련이어서 동급생들이 자기들과 자유롭게 말을 주고받을 수 없는 귀찮은 외국인 학생을 대화에 끼워주지도 않았습니다.

유학이 모든 문제를 해결해주지는 않습니다

물론 미국의 중·고등학교는 학생의 수준에 맞추어 아주 쉬운 과정을 공부해도 되기 때문에 가장 낮은 과정에 만족하며 공부하면, 놀면서도 좋은 성적을 얻을 수도 있습니다. 제가 다니던 고등학교에서도 한 한국인 학생이 1년간 미시간 주립대로 연수를 오신 아버지를 따라 전학을 왔는데 그 1년이 끝나갈 무렵 전교 1등을 해서 지역 신문에까지 기사가 난 적이 있습니다. 그 학생의 부모는 아들이 한국에 있을 때 워낙 공부 때문에 속을 썩였기 때문에 자녀의 교육을 위해 아버지가 다니던 회사를 그만두고 미국에 눌러앉으려 한다는 소문이 들려오기도 했습니다.

그러나 미국의 고등학교는 수준별 강의를 듣도록 하지만 무조건 시험 성적 순으로 등수를 매겨 공부를 못하는 학생들을 격려하는 시스템이기 때문에, 자연히 어려운 수준의 수업을 듣는 학생들의 전교 석차는 중간 정도에 머물고 쉬운 과정의 학생들이 상위권을 차지하는 경우가 많습니다.

한국의 부모님들은 이러한 미국 학교의 제도를 이해하지 못해 자녀가 미국에 유학 가면 갑자기 좋은 성적을 얻었다며 기뻐하시지만, 그러한 수준에서 계속 공부해서는 절대로 좋은 대학에 입학할 수 없으며 좋은 직장을 얻기는 더욱더 어렵습니다.

미국에 유학을 온 한국 학생이 고급 수준의 과목을 들으면서 한국 학교에서보다 점수를 더 잘 받기는 매우 어렵습니다. 저 또한 높은 수준의 반에서는 점수가 수준 이하로 떨어져 따라잡기 위해 엄청난 노력을 기울여야 했습니다. 유학이 학생에게 주는 정신적·언어적·학문적 스트레스는 말로 표현하기 힘들 정도입니다.

미국으로 유학 가면 웬만큼만 공부해도 명문 대학을 갈 수 있다거나 미국의 교육 제도가 우리나라의 교육 제도보다 무조건 더 훌륭하다고 생각하는 것은 크게 잘못된 생각임은 겪어본 사람이라면 누구나 알 것입니다. 그러한 고통을 이길 정도의 노력이라면 국내에서 공부해도 더 좋은 성적을 낼 수 있을 게 틀림없습니다.

우리나라 교육 제도에 대해서는 누구나 불평합니다. 사회문제가 불거지면 주입식 교육 탓이라고 말하는 사람들도 많았습니다. 한동안 미국에 유학 온 학생들이 마치 미국의 교육 제도가 준 혜택으로 공부를 잘하는 것으로 착각할 만한 내용의 책을 펴내는 것이 유행하기도 했습니다. 지독한 고통을 경험하고 나면 환상이 커지는 법이어서 그런 책의 저자들은 자신의 무용담을 더욱 극적으로 만들기 위해 미국의 교육 제도를 어느 정도 미화할 수밖에 없었을 것입니다.

그러나 제가 경험한 미국의 교육 제도는 우리나라 제도 못지않게 문제점이 많습니다. 미국에도 자기네 교육제도를 비판적으로 바라보는 사람들이 많습니다. UN 통계를 보면 우리나라는 문맹률이 0%에 가까운 데 비해 미국의 문맹률은 선진국에서 가장 높은 24~26%에 육박합니다. 미국을 여행해본 분들이라면 맥도날드 같은 패스트푸드 음식점에서 중ㆍ고등학교를 다니고도 더하기 빼기조차 제대로 못 하는 판매원이 쌓이고 쌓인 것이 미국이라는 사실을 쉽게 알 수 있을 것입니다.

자유 경쟁 사상을 기본으로 삼는 미국 학교는 학생을 '수영할 사람'과 '가라앉는 사람'으로 나눕니다. 수영할 사람, 즉 공부를 잘하려는 사람은 최대한 뒷바라지를 해줍니다. 그러나 가라앉을 사람, 즉 공부할 의지도 없고, 하기도 싫어하는 학생들은 처벌하지도, 야단치지도, 훈계하지도 않은 채 방치합니다. 또 이런 학생들은 자기와 비슷한 수준의 학생들하고만 경쟁을 하게 돼 자신이 얼마나 공부를 못하는지조차 제대로 파악할 수 없습니다.

미국 유학생들은 대체로 영어를 완벽하게 이해할 수 없기 때문에 공부 못하는 학생들의 반에 들어가기 쉽고, 그 반에서 공부하는 동안 미국 학교의 공부가 너무 쉬워 1등하는 건 식은 죽 먹기라며 설치다가 졸업할 때까지 아무것도 배우지 못하는 경우가 수두룩합니다. 우리나라에서 공부할 때도 선생님의 눈길과 손길이 모자라 더 많은 관심이 필요한 학생에게 미국 유학은 오히려 치명적인 결과를 가져오기 쉽습니다. 또한 우리나라 학교에서 어학 공부라면 도맡아 1등만 하던 학생일지라도 미국에 유학 가서 미국 학생들보다 영어를 더 잘하기는 힘듭니다. 이러한 사실을 생각하면 해외에 유학 가서 본토 학생들과 경쟁하는 것은 다리에 커다란 돌을 매달고 100미터 달리기 경주를 하는 것과 같다고 할 수 있습니다.

저는 조기 유학에 대해 무조건 부정적으로 생각하지는 않습니다. 하지만 한국의 교육 제도에 실망하고, 그에 적응하지 못하는 학생은 미국의 교육 제도에도 실망하고 적응하지 못할 가능성이 높으므로 무조건 유학부터 생각해서는 안 된다고 말하고 싶습니다. 유학생들에게는 새로운 문화에 대한 적응이라는 첫 번째 관문을 넘어선다 해도, 완전히 통달할 수 없는 언어의 뉘앙스 등 학년이 올라갈수록 더 큰 어려움이 기다리고 있습니다.

바른 공부기술은 국경을 초월해 효과를 발휘합니다

한국의 교육 제도에 적응하지 못했던 저는 미국의 교육 제도에도 그다지 적응을 잘하는 편이 아니었습니다. 이러한 나를 구제해준 것은 미국의 교육 제도가 아닌, 나 자신이 터득한 공부기술이었습니다. 세계의 모든 교육 제도는 같은 교육 철학자들의 이론을 바탕으로 서로 영향을 주고받고 있어서 기본 틀은 비슷합니다. 따라

서 시험 보는 기술을 익히면, 미국의 SAT나 한국의 대학 입학수
학능력고사, 프랑스의 바칼로레아나 독일의 아비투어 등 대학 입
학 자격시험을 엇비슷하게 다 잘 볼 수 있습니다.

결국 어느 나라의 교육이건 이해력, 암기력, 출제자의 의도 맞
추기 등 기본적 기술을 측정하게 되어 있어 이러한 기본적인 공부
기술에 통달하는 것이야말로 지역과 나라의 교육 제도를 초월해
공부를 잘할 수 있는 비결입니다. 또한 어느 나라이건 유학을 가
려는 학생들은 공부기술이 국내에서 공부하는 학생들보다 2~3
배나 더 필요하다는 사실을 기억해야 합니다.

유학은 국내에서 자기 관심 분야의 학문이 크게 발전하지 않았
을 경우에는 필요합니다. 저는 대학원은 프랑스로 건너가 미술사
를 전공했습니다. 제가 미국에서 대학을 마치고 유럽으로 건너간
것은 이 분야의 세계 10위권 대학원 중 단 한 곳만이 미국에 있고,
나머지 9개는 유럽에 몰려 있어서였습니다. 예술 비평가들의 활
동과 예술학계의 중심지는 프랑스의 파리와 독일의 베를린·함부
르크며, 프랑스와 독일은 저의 주된 관심사인 클래식 음악의 중심
지이기도 해서 파리는 저에게 또 다른 도전의 기회를 주었습니다.

이렇게 여러 대륙을 건너뛰는 것을 대수롭지 않게 여길 수 있
었던 것은 공부 습관과 태도를 조금만 조절하면 어느 대륙으로 가
서 공부를 하건 쉽게 우등생이 될 수 있음을 잘 알고 있었기 때문
입니다. 여러분의 자녀들도 공부기술만 터득하면 중국이나 인

도·미국·유럽, 일본 등 어느 나라에 가서 공부를 하건 두려울 것이 없을 것입니다.

유학 여부는 인생 목표에 따라 경정해야 합니다

저에게는 물론 우리나라 학생들에게 유학을 가는 것이 좋다, 혹은 가지 않는 것이 낫다고 말할 자격이 없습니다. 첨단기술 산업이나 인터넷·컴퓨터 산업은 미국이 한국보다 훨씬 뒤떨어져 한국의 카이스트로 유학 가고 싶어 하는 미국 학생들도 제법 있습니다. 또 미국과 유럽을 잇는 국제 경제학자가 되려고 미국에서 경영학 공부를 하고 영국 런던 대학의 비즈니스 스쿨이나 프랑스의 인시아드 경제 대학의 대학원으로 유학해 공부하는 학생들도 많습니다. 유학에 관한 결정은 자기 인생의 목표와 방향에 따라 달라지는 것이지 누군가가 가라, 가지 말라고 권할 일은 아닙니다.

하지만 저는 제도가 나빠 공부를 못한다는 말과 공부 때문에 유학한다는 말에는 동의할 수 없습니다. 누구든 공부기술을 제대로 연마하면 어느 나라에서 공부를 하건 이해력과 암기력을 쉽게 높이고 시험 보는 방법과 예습·복습 방식을 효율적으로 이용해 좋은 성적을 거둘 수 있음을 확신하기 때문입니다.

물론 한국의 교육 제도는 획기적인 개혁이 필요합니다. 하지만 미국에서도 교육 제도를 개혁해야 한다는 학부모들의 불만이 끊이지 않습니다. 독일이나 프랑스라고 해서 다르진 않습니다. 어떤 제도나 마찬가지로, 교육 제도 역시 한 개의 틀에 모든 사람들을 맞추어야 하기 때문에 모두를 만족시킬 수는 없습니다.

따라서 학생과 학부모는 우리의 교육 제도가 엉망이므로 고쳐야 한다고 불만만 터뜨릴 것이 아니라 자기 식 공부기술을 개혁한다면 현행 교육제도의 좋은 점이 주는 혜택을 극대화하고 비효율성을 최소화할 수 있을 것입니다. 그것이야말로 진짜로 배우는 양을 늘리면서, 제도 때문에 손해를 보는 개인적인 역량을 크게 높일 수 있는 시간을 버는 지름길일 것입니다.

공부에 대해 잘못 알고 있는 7가지 진실

나는 이 책을 통해 최근에 증명된 교육학과 심리학 등 최신 과학을 근거로 한 공부기술을 소개하고자 했다. 이 공부기술은 짧은 시간을 투자해 가장 좋은 성과를 거둘 수 있는 매우 효율적인 방법이라고 자부한다.

나는 중학교 2학년 때 미국으로 건너갔고 그곳에서 대학을 졸업한 후 프랑스에서 대학원 공부를 하고 직장도 구했다. 그 때문에 우리나라 학생들의 공부 방법을 객관적인 관찰자의 입장에서 비교적 냉정하게 살펴볼 수 있었다. 유학을 떠나기 전 중학교 때 친구들부터 유학 온 후 만난 동년배 학생들에 이르기까지 우리나라 학생들의 공부 방법은 적어도 나의 눈에는 시간과 경제적인 낭비가 너무나 많은 비효율적인 방법으로 보였다. 효율성이 높지 않으니 무작정 학교 공부에만 매달리게 돼 인간성이나 폭넓은 지식

274

을 습득하기 어려운 것 같았다.

우리나라 부모님만큼 자녀 교육을 위해 헌신적으로 시간과 돈을 투자하는 부모님이 흔하지 않지만, 그 역시 낭비로 그치는 경우가 많아 안타깝기 그지없다. 사실 우리나라의 교육문제는 매우 심각한 실정이다. 유치원에 다니는 아이들마저 대학 입시 준비를 시작해야 한다고 말하는가 하면, 자녀를 좋은 학원에 보내기 위해 강남으로 몰려드는 사람들 때문에 강남 집값은 항상 경제 왜곡 문제의 진원지로 부상해왔다. 최근에는 외국어고등학교가 사교육의 온상이라고 비난하며 폐지론이 불거지기까지 했다. 이런저런 상황을 보면 우리나라의 교육열은 가히 폭발적이다. 그러한 폭발력을 바르게만 사용한다면 우리나라가 세계 제일의 국가가 되는 것도 어렵지 않을 것이라는 확신이 생겨서 대학 재학 중에 《공부기술》을 써야겠다는 결심을 하게 됐고, 그로부터 7년가량의 시간이 지난 2009년에도 이 문제가 개선되지 않아 안타까운 마음으로 개정판을 내기로 했다.

사실 우리나라는 교육열을 바탕으로 세계에 그 유례가 없을 만큼 빠른 시간 안에 전쟁의 폐허에서 빠져나올 수 있었다. 그러나 이제 가난을 벗어나는 공부 방법이 더 이상 통하지 않을 만큼 우리는 성장했다. 이 점을 우리나라 사람들이 가능한 한 빨리 깨달아야 변화에 부응하는 인재 양성 교육으로 다시 한번 도약할 수 있을 것이다. 나는 내가 터득한 효율적인 공부기술을 우리나라 학생들과 공유함으로써 우리나라가 선진국으로 도약하는 데에 작게나마 기여할 수 있을 것이라고 믿으며, 대한민국 청년이라면 누구나 느끼는 애국적인 사명감으로 이 책을 펴낸다.

세계의 중심이기도 한 미국 뉴욕 맨해튼과 그에 버금가는 국제 도시 파리에서 공부하며 나는 가난 탈출용으로 사용하던 지금까지의 공부 방법으로는 국제 경쟁력을 기를 수 없을 것임을 남보다 빨리 파악할 수 있었다, 지금 우리나라는 그야말로 공부 방법을 혁명적인 수준으로 개선해야 할 때를 맞았다.

나는 이 책을 읽고 최소한 우리나라의 많은 학생과 학부모 들이 공부에 대한 왜곡된 고정관념만 바로잡을 수 있어도 많은 학생들이 공부를 효율적으로 하는 데 기여할 것이라고 믿는다. 우리들이 지금까지 가지고 있는 고정관념은 최신 교육학과 심리학적 관점에서 보면 무수한 오점을 남긴 19세기 교육학에 근거하고 있기 때문이다. 그 시대의 서양은 산업혁명을 일으킨 나라들이 식민지를 확장하면서 대량생산에 필요한 노동자를 생산해내기 위해 교육을 확대시켰으며, 식민지 치하의 우리나라도 같은 상황에 놓여 있었다. 그 당시에는 마치 자연스럽게 자라는 나무를 철사로 묶어 강제로 꼿꼿하게 자라도록 하는 분재처럼 학생들을 정해진 틀에 맞추어 교육함으로써 국가산업에 필요한 하나의 부품으로 만들어내는 교육 방법이 사용됐다.

이런 상황에서 개성이 강한 아이들은 문제아로 낙인찍혀 억압

당했다. 머리만 나오는 나무 상자에 아이들을 집어넣고 강제로 그 안에서 맞추어 자라게 해야만 국가가 원하는 산업 일꾼을 대량으로 생산해낼 수 있었던 것이다. 이러한 전통은 우리나라의 긴 군사정권까지 이어졌으며, 지금까지도 그 뿌리가 깊이 남아 있다. 즉 두뇌의 골격이나 서거나 앉는 자세만 보고서 사람을 불량형과 모범형으로 갈랐던 시대의 교육학이 아직도 우리의 심리를 꽉 붙들어 매고 있다. 사람을 무조건 모범형·불량형으로 가르는 태도는 다른 사람들과 조금 다르다고 해서 비정상이라며 두뇌의 일부를 잘라내 사람의 감성과 창의력을 완전히 제거하고는 그것을 '치료'라고 부른 비인간적인 빅토리아 시대의 유물이기도 하다. 나는 이 책에서 이처럼 비효율적이며 시대에 맞지 않는 교육 방법이 우리 학생들의 학습 태도나 가정교육을 왜곡하는 원인임을 과학적이고 논리적으로 밝혔다.

학생들을 공부가 주는 중압감에서 해방시키고 공부를 좋아하도록 하는 것이 '공부기술'의 의도이자 목적이다. 이 때문에 나는 우리가 그동안 신앙처럼 믿어온 공부에 대한 잘못된 진실들을 이 글에서 다시 정리하고 최소한 이 점만이라도 바로잡기를 바라며 그 점을 다시 한 번 강조하려고 한다.

첫째, 바른 자세로 앉아서 공부해야 한다?

최근 심리학자들은 몸을 흔들거나 음악을 들으며 책을 읽는 것이 읽는 내용의 정리를 도와준다고 밝혔다. 몸을 움직이며 공부하라.

둘째, 교실에서 껌을 씹지 말라?

일본 심리학자들은 껌을 씹으면 집중력이 증진되고 기억력이 향상된다는 것을 실험을 통해 입증했다. 이들은 또한 두뇌가 활동하기 시작하면 입도 활동하기 시작한다고 밝혔다. 공부할 때 껌을 씹을수록 기억력이 증진된다.

셋째, 꾸준히 공부하라?

미국 교육학자들은 20분 이상 같은 과목을 같은 자리에 앉아 공부하면 집중력이 저하돼 시간 낭비만 초래하므로 한 과목을 20분 이상 지속적으로 공부하는 것은 비효율적이라고 밝혔다. 공부할 내용이 많으면 20분에 한 번씩 다른 과목으로 바꾸거나 공부와 다른 행동을 취해 머리의 피로를 풀어준 후 다시 같은 공부를 하는 등 뇌의 피로를 풀면서 공부해야 한다. 절대 꾸준히 오래 한 과목에 매달리지 말라.

넷째, 시험공부는 많이 할수록 좋다?

역시 미국 교육학자들은 시험공부를 너무 많이 하면 몸의 컨디션을 해칠 뿐 아니라, 지금까지 머리에 잘 정리되어 있던 정보를 혼동시킬 뿐이라는 것도 증명하였다. 시험공부는 무엇을 공부해야 하는지에 대한 명백한 목적을 가지고 가능한 한 여유를 갖고 간단하게 해야 하며, 두뇌도 근육처럼 메모리 조깅 등을 통해 컨디션을 조절해주어야 한다. 시험공부는 가능한 한 가볍고 쉽게 하라.

다섯째, 노트 정리를 잘하고, 문제집을 많이 풀고, 참고서를 많이 보면 공부를 잘한다?

노트 정리, 문제집 풀기, 참고서 외우기 등은 하는 양과 그 효과가 반비례한다는 증거가 수두룩하다. 노트와 문제집과 참고서는 최소한의 것만 사용하는 것이 좋다.

여섯째, 잡학에 능하면 학교 공부를 못한다?

호기심을 막아버리면 손을 너무 많이 움직인다고 해서 수갑을 채우는 것처럼 창의력과 응용력을 차단하게 된다. 여기저기서 주워들은 지식을 연결할 때 각 과목을 서로 연결하는 응용력이 키워져 공부를 잘하게 된다. 아는 것이 많을수록 공부에 필요한 상상의 연대표를 만들기가 쉽다. 상상의 연대표는 공부 내용을 무한대로 응용하게 하는 기반이 된다.

일곱째, 배운 것은 여러번 복습해 가능하면 외워두어라?

무조건 배운 내용을 반복적으로 외우는 것은 가장 나쁜 방법의 공부다. 13세기의 저명한 철학자 로저 베이컨이 "우리는 좋은 습관만큼이나 나쁜 습관도 연습한다"고 말했듯이, 무작정 반복하는 공부는 이미 알고 있는 것을 조금 더 분명하게 기억시킬 수는 있지만, 이해하지 못한 것은 계속 이해하지 못한 채 지나가게 만든다. 모르는 내용만 뽑아서 잘 알게 될 때까지 따로 공부하는 것이 배운 것을 모두 공부하는 것보다 훨씬 효과적이다.

이 밖에도 공부를 시작하기 전에 '왜 공부하는가?'와 '어떻게 공부하는가?'를 반드시 자문하는 습관을 기르고, 암기와 이해에 관한 내용을 응용하면 누구나 쉽게 자기에게 맞는 공부기술을 계발할 수 있을 것이다. 부모님과 자녀가 협력하면 짧으면 6개월, 길어도 2년 안에는 공부기술을 완전히 자기 것으로 소화할 수 있을 것이다.

공부기술은 다른 기술처럼 한번 익히면 모든 부문의 공부에 적용할 수 있어서 모든 과목을 다 잘할 수 있으며, 그러다보면 자기가 원하는 분야에서는 어렵지 않게 현대 기업들이 가장 선호하는 통섭형 인재가 될 수 있다. 가능한 한 빨리 공부기술을 익히려면 거르지 말고 매일 꾸준히 이 책에서 제시한 방법들을 실천하라. 피눈물 나는 노동이 필요하거나 뛰어난 천재성이 필요한 것도 아니다.

나의 이러한 제안이 우리나라의 수많은 학생들과 학부모들이 공부 때문에 낭비하는 노력과 투자와 고생을 덜어주고, 공부가 무의미한 노동으로 전락하는 대신 인생의 길잡이가 되는 진짜 지식을 얻는 귀중한 일로 인식되어 한국 교육에 이바지할 것을 믿어 의심치 않는다.